AMERICAN DREAMS

EIN NEUES LEBEN IN DEN USA

Haus der Geschichte
Baden
Württemberg

Was ist der Amerikanische Traum?
Grenzenlose Freiheit?
Neues wagen und erforschen?
Der Weg aus der Armut zum Reichtum?
Toleranz und Seelenheil?

Viele Menschen aus Baden und Württemberg machten sich auf in die Vereinigten Staaten.
Sie flohen vor Armut oder Verfolgung und wollten ihr Leben retten.
Oder suchten Erfolg und Abenteuer.
Sie alle hatten und haben ihre eigenen AMERICAN DREAMS.

INHALT

EINLEITUNG

AMERICAN DREAMS –
Ein neues Leben in den USA.

„Ich glaube hier gefunden zu haben, was ich so sehnlich gewünscht, Freiheit. Hier darf man doch noch seine Herzensmeinung sagen, denn es sitzt nicht in jedem Winkel ein Polizei-Spion." So schrieb Karl Herzog in einem Brief an seine Familie am 1. April 1849. Diese Nachricht gehört zu einem Bestand aus zehn Briefen, die er zwischen 1848 und 1861 aus Amerika an seine Familie in Stuttgart schickte. 1994 entdeckte sein Urgroßneffe Bert Heinrich sie in einem alten Koffer. Die Korrespondenz und die anschließende Familienforschung sind Zeugnisse von den Träumen, den Illusionen, den Hoffnungen und den Erwartungen, sie beschreiben das Amerikabild der Auswander*innen. Aber es gibt nicht nur das eine Amerikabild, sondern viele sich wandelnde Amerikabilder, denen jedoch, je nach regionaler und sozialer Herkunft der Auswanderer doch manches gemeinsam war.

Alle kennen den „American Dream", der wirtschaftlichen Erfolg und persönliche Freiheit verspricht. Viele Amerikaner*innen halten ihn immer noch für das Rückgrat ihrer Gesellschaft, trotz manch kritischer Stimmen, er richte sich vor allem an weiße Männer und blende strukturelle Ungerechtigkeiten aus. Auch Migrant*innen träumten und träumen jeweils ihre Version eines amerikanischen Traums. Daher thematisiert die Ausstellung nicht den, sondern viele „American Dreams" von Menschen, die im Laufe der letzten drei Jahrhunderte aus dem deutschen Südwesten nach den USA auswanderten. Darunter waren der radikale Pietist Johann Georg Rapp aus Iptingen, der im „gelobten Land" Amerika die Idealsiedlungen „Harmony", „New Harmony" und „Economy" gründete, der aus Eichtersheim stammende Anwalt Friedrich Hecker, der für zwei Republiken freier Menschen kämpfte, der arme Bauernsohn Andreas Huonker aus Leidringen, der am Klondike Gold fand und im Erdbeben von San Francisco ein Vermögen verlor, die Kommunistin Anna Nill, die ihr in Amerika erworbenes Vermögen bedürftigen Kindern aus ihrer Heimatstadt Mössingen stiftete und Herzog Paul Wilhelm von Württemberg, der als Forschungsreisender an der Formung des europäischen Bilds der Indigenen Amerikas mitwirkte.

Die Ausstellung behandelt am Beispiel individueller Geschichten aus drei Jahrhunderten vier zentrale Aspekte des amerikanischen Traums: das unberührte Land, das gelobte Land, das Land der Freiheit und das Land der unbegrenzten Aufstiegschancen „vom Tellerwäscher zum Millionär". Sie beleuchtet die Schaffung und Verfestigung dieser Traumbilder und spürt ihrer Wirkung auf Badener*innen und Württemberger*innen nach. Sie zeigt die Vielfalt und Unterschiedlichkeit der jeweiligen Träume und thematisiert die Folgen des Siedlerkolonialismus für die Indigenen Amerikas. Sie macht deutlich, dass Netzwerke, Sozialkapital und geographische Faktoren über den Migrationserfolg oder -misserfolg entschieden. Sie behandelt die Interdependenz von Mythen und Migration und sensibilisiert für Hintergründe und Abgründe des amerikanischen Traums. So ermöglicht sie einen neuen, transnationalen Blick auf Amerika und Baden-Württemberg.

Die Ausstellung
Prolog: Der amerikanische Traum heute

Heute erklären viele Amerikaner*innen den „American Dream" für tot, so zum Beispiel Donald Trump bei der Ankündigung seiner Präsidentschaftskandidatur 2015. Andere empören sich über die Pervertierung einer noblen Idee, die einst Freiheit und Gleichheit für alle versprach. Doch keine*n lässt er kalt. Was denken junge Menschen in Baden-Württemberg heute über den amerikanischen Traum? Welches Bild von den USA haben sie? Was ist ihr persönlicher Traum von Amerika?

„Virgin Land" –
Unberührtes Land

Der Mythos des leeren Kontinents und der Besiedlung dieser weiten, leeren Räume durch mutige Pioniere gehört zu den zentralen Themen der USA. Einerseits wird Amerika imaginiert als ein unberührtes Land, das nur darauf wartet, von Weißen erschlossen, besiedelt und befruchtet zu werden. Dies impliziert andererseits eine Grenze zwischen dem bereits „zivilisierten" Land und einer unberührten Wildnis, die es – oft gewaltsam – zu erobern galt. Denn der Kontinent war nicht leer, sondern bewohnt von den Indigenen Amerikas. Die Westexpansion ging einher mit der Politik des „Indian Removal", der von Regierungsseite aktiv und aggressiv geförderten Kolonisierung von Indianerland durch Verträge, Zwangsumsiedlung und Kriege. Badische oder württembergische Siedler hatten auf unterschiedliche

Weise daran teil. Sie kamen mit der Hoffnung, in Amerika billig fruchtbares Land erwerben zu können und als Farmer ihr Glück zu machen. Sie beteiligten sich an Kriegen gegen Native Americans oder wurden selbst Opfer des Kampfes von Indigenen gegen ihre Vernichtung und Vertreibung, sie waren Vermittler und Dolmetscher oder trugen als Forschungsreisende zur schrittweisen Aneignung des Westens durch weiße Siedler bei.

„The Promised Land“ – Das Gelobte Land

Die Massenauswanderung im 18. und frühen 19. Jahrhundert war vor allem wirtschaftlich motiviert. Doch die Glaubensfreiheit und das Fehlen einer staatlich anerkannten Kirche inspirierten auch viele Angehörige religiöser Splittergruppen, nach Amerika auszuwandern. Migrant*innen fanden im Exodus-Mythos Trost und Halt während des schwierigen Migrationsprozesses. Der Gründungsmythos von Amerika als „gelobtem Land“ rechtfertigte die europäische Besiedlung als Teil des christlich-göttlichen Plans und definierte die USA zunächst als Land weißer Protestanten. Zur Zeit des Kulturkampfs wurde Amerika jedoch auch für Angehörige katholischer Orden attraktiv. Menschen, die bekennend nicht religiös waren, reizte dagegen die Chance, keiner Kirche angehören zu müssen.

„Land of Freedom”– Land der Freiheit

Südwestdeutsche Liberale und Republikaner bewunderten die amerikanische Unabhängigkeitserklärung von 1776 und das mit der Verfassung von 1787 etablierte republikanische System. Sie sahen Amerika als ein Land, das ihnen die persönlichen Freiheiten garantierte, die sie in Europa vermissten. Auch hatten die USA sich schon früh als Exilland für politische Flüchtlinge profiliert. Vor allem nach dem Scheitern der Revolution 1848/49 suchten viele Südwestdeutsche, freiwillig oder gezwungenermaßen, ihr Heil in den Vereinigten Staaten. Von der politischen Realität waren sie oft enttäuscht, ihnen begegnete Fremdenfeindlichkeit, das politische System erschien Vielen korrupt und elitär. Die von den Verfassungsvätern nicht beseitigte Sklaverei in den Südstaaten empfanden die meisten als Skandal. Als es im amerikanischen Bürgerkrieg um den Erhalt der Union und die Abschaffung der Sklaverei ging, engagierten sich viele „Forty-Eighters“ auf der Seite der Nordstaaten und kämpften für die Union. Nur wenige kämpften auf der Seite der Sezessionisten.

„Land of Rescue“– Land der Rettung

Die von den Nationalsozialisten verfolgten jüdischen Menschen aus Baden und Württemberg gingen nicht freiwillig in die USA, sondern flohen vor der drohenden Ermordung. Die USA gehörte zu den wenigen Ländern, die überhaupt jüdische Deutsche aufnahmen. Aber viele scheiterten an Devisenbeschränkungen, unzureichenden Einreisequoten oder sie wurden deportiert, bevor sie Deutschland verlassen konnten. Es fällt schwer, hier von einem Traum zu sprechen. Und doch war Amerika für die erfolgreich Geflüchteten die Rettung.

“Land of Opportunities”– Land der Chancen

Der Aufstieg „vom Tellerwäscher zum Millionär“ ist der Prototyp des amerikanischen Traums: Durch harte Arbeit kann angeblich jeder reich werden und sozial aufsteigen. Das Klischee des „self-made-man“ basiert auf dem Glauben an das Funktionieren des kapitalistischen Marktes, auf protestantischer Arbeitsethik und der Hoffnung auf ein Quäntchen Glück. Der Glaube an gleiche Aufstiegschancen übte eine große Anziehungskraft auf Migrant*innen aus Baden, Württemberg und Hohenzollern aus. Viele brachten es auch durchaus zu etwas im neuen Land, oder eröffneten zumindest ihren Kindern ein besseres Leben, als sie es in ihrem Herkunftsland hätten tun können. Voraussetzung dafür war allerdings meist ein gewisses Grundkapital – seien es eine handwerkliche Ausbildung, etwas Bargeld oder der Namen eines Verwandten oder Freundes, der ihnen helfen konnte, einen Job und eine Wohnung zu finden und ihnen den Start in ein neues Land so erleichterte. Die vielen Menschen, die es nicht schafften und die in Amerika genauso arm starben, wie sie gekommen waren, sind heute oft vergessen. Auch an sie erinnert die Ausstellung.

EINLEITUNG

Der Rahmen: Reise und Regeln

Wie sah Friedrich Hecker bei seiner Reise nach Amerika aus? Was musste Rese Krapf 1923 vor ihrer Ausreise in Hamburg ertragen? Die Künstliche Intelligenz erlaubt es uns heute, einen „unmöglichen" Blick auf wichtige Stationen der Migration zu werfen. Mit einer Reihe von fiktiven Selfie-Bildern werden in einer Multimediastation die Rahmenbedingungen vorgestellt. Dies gilt vor allem für die Atlantikschifffahrt. Neckar und Rhein dienten als Wasserstraßen zu den frühen Auswanderungshäfen in Rotterdam und London; viele Auswanderer aus Baden oder Württemberg fuhren von Mannheim weiter mit der Kutsche nach Le Havre. Reeder, die aus Amerika sklavenproduzierte Waren wie Baumwolle und Tabak importierten, rekrutierten aktiv Auswanderer, um ihre leeren Schiffe auf der Westpassage zu füllen. Nach dem Aufbau von Bremerhaven ab 1827 und dem Bau von Eisenbahnverbindungen zwischen Nord und Südwest zwischen den 1830er und 1850er Jahren konnte sich Bremen Mitte des 19. Jahrhunderts als wichtigster deutscher Auswanderungshafen etablieren. Aber Le Havre, Antwerpen und Rotterdam blieben populäre Auswanderungshäfen und französische, belgische und niederländische Schifffahrtsunternehmen richteten sich an Reisende aus dem Süden. Bis Mitte des 19. Jahrhunderts waren Auswanderung und Personenbeförderung zu einem wettbewerbsintensiven Geschäft geworden, das aus Schifffahrtsunternehmen, Eisenbahnen, Fahrkartenverkäufern, Fachzeitungen, Hoteliers und anderen Veranstaltern bestand. New York, Philadelphia, Baltimore und New Orleans etablierten sich als Einwandererhäfen, in denen die großen Reedereien, aber auch Vereinigungen zur Unterstützung deutscher Auswander*innen auf beiden Seiten des Atlantiks im Lauf der Zeit eine Willkommensstruktur etablierten. 1855 errichtete New York als erste amerikanische Stadt ein Zentrum zur Kontrolle der Einwanderung in Castle Garden, ab 1892 im ikonographischen Ellis Island. Bis in die 1950er Jahre blieben Schiffe das Haupttransportmittel für die Emigration nach Amerika.

Epilog: Die Traumfabrik – Träume von der Migration

Zum Abschluss der Ausstellung werden in einer „Traumfabrik" persönliche Bilder von Migration komponiert. Mit Hilfe von Künstlicher Intelligenz können die Besucher*innen ihre eigenen individuellen oder in der Familie überlieferten Migrationserfahrungen visualisieren lassen. Der Epilog will damit bewusst alle Besucher*innen unmittelbar ansprechen und Migration als hochaktuelle menschliche Grunderfahrung zeigen.

Wir bedanken uns sehr herzlich beim Verein zur Förderung des Hauses der Geschichte, ganz besonders bei den Vorständen Norwin Graf Leutrum von Ertingen und Dr. Christoph Palmer für die Anregung der KI Umsetzung und für die großzügige Förderung der Realisierung dieses innovativen Projektes.
Die Ausstellungsgestaltung der Architektin Julia Neubauer von büroberlin greift nach den Sternen. Sie setzt den amerikanischen Traum in eine höchst kreative und visuell sehr überzeugende Raumerzählung um. Die Realisierung dieser im Wortsinn internationalen Ausstellung war für uns eine große Herausforderung, inhaltlich, aber auch logistisch und konservatorisch, und ich bin allen Beteiligten zu großem Dank verpflichtet: Allergrößter Dank gebührt dem Ausstellungsleiter Rainer Schimpf, der das Thema angeregt hat und sich von Anbeginn mit großer Empathie dafür engagiert hat. Er hat die Entwicklung des Konzeptes und seine Realisierung durch das kuratorische Team intensiv begleitet.
Herzlich danke ich den beiden Kuratorinnen der Ausstellung Franziska Dunkel und Christina Ziegler-McPherson; sie haben die Ausstellung mit Fachkenntnis, Umsicht, Ausdauer und der nötigen Sensibilität klug konzipiert und engagiert realisiert. Ihre Geduld, aber auch ihr Spürsinn hat diese Ausstellung erst möglich gemacht. In den Weiten Amerikas haben sie Erinnerungsstücke gefunden und zusammengetragen.
Wie immer gilt mein Dank unserem Sammlungsteam, insbesondere Katrin Bettray, Petra Buchschuster und Martin

Nowitzki. Sie haben sich mit großer Akribie und Ausdauer der Vorbereitung und der konservatorischen Betreuung der Objekte angenommen und schließlich die Einrichtung der Ausstellung bewältigt. Signe Krauß hat den umfangreichen Leihverkehr und die komplizierten Transporte organisiert. Jan Trautmann hat sich um die Dokumentation und die nicht immer ganz einfache Bildrechteproblematik gekümmert. Martin Kühnel hat die Medienstationen eingerichtet. Caroline Gritschke und Luisa Kreiling haben am Infopoint und an der Traumfabrik mitgewirkt. Konstruktiv und ermutigend beraten wurden wir von den versierten Mitgliedern des wissenschaftlichen Beirates unter der Leitung von Professor Jörn Leonhardt. Ich danke besonders dem US-Generalkonsul Norman Thatcher Scharpf für seine persönliche Unterstützung der Ausstellung. Ich freue mich, dass sich das Deutsch-Amerikanische Zentrum / James-F.-Byrnes-Institut unter der Leitung von Christiane Pyka intensiv an Planung und Durchführung des Begleitprogramms beteiligt. Nicht zuletzt bin ich all den privaten Leihgeber*innen, den Museen, Archiven, Bibliotheken sehr dankbar, dass sie uns ihre Objekte, Kunstwerke und Dokumente anvertraut haben.

Paula Lutum-Lenger
Direktorin des Hauses der Geschichte Baden-Württemberg

STARS AND STRIPES.

DIE “AMERICAN DREAMS” IM AUSSTELLUNGSRAUM

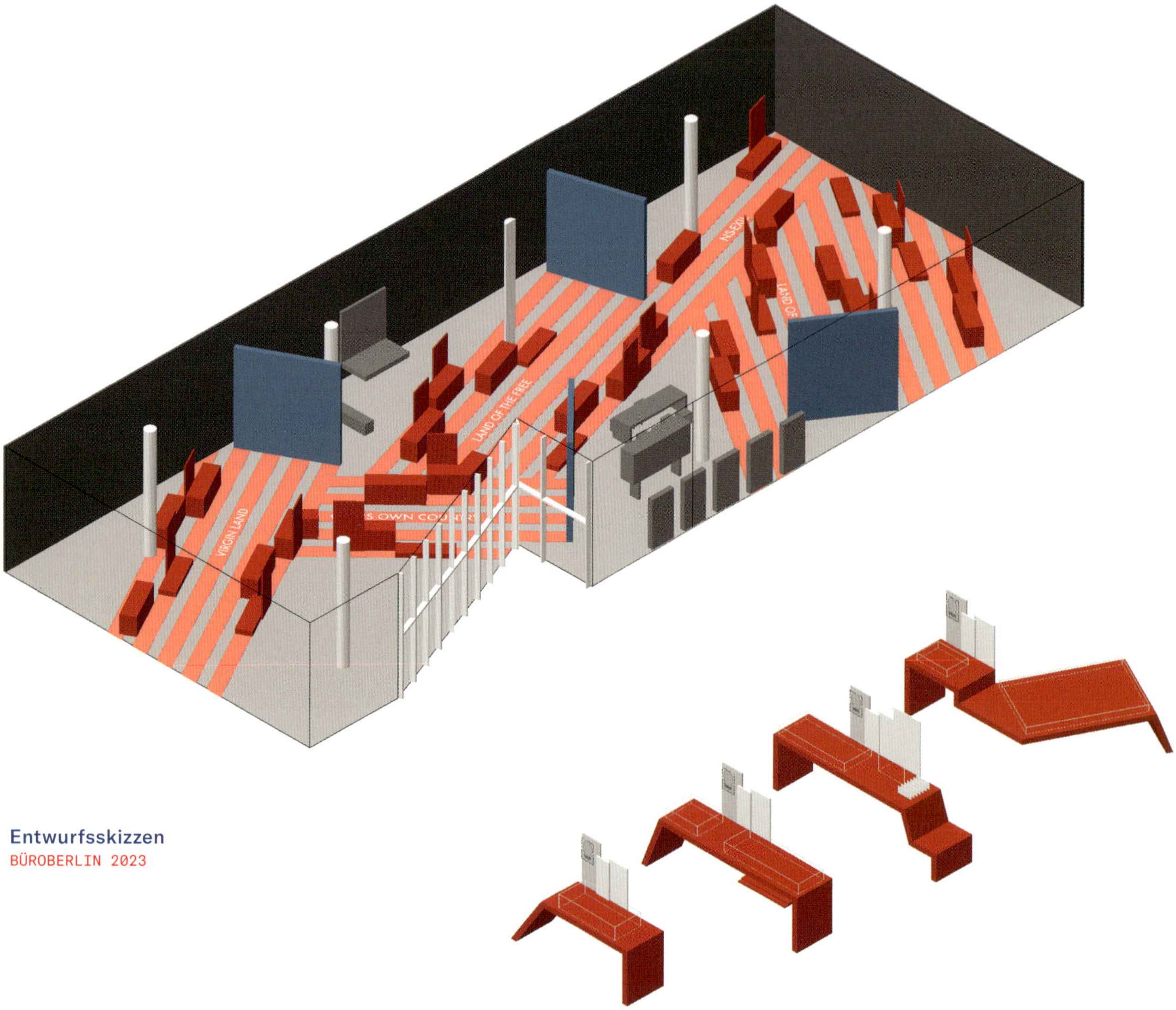

Entwurfsskizzen
BÜROBERLIN 2023

In der Hoffnung auf ein besseres Leben, auf Befreiung von den Zwängen und Einschränkungen der bisherigen Existenz, wagten Tausende von Menschen aus dem deutschen Südwesten die teils riskante Reise über den Atlantik. Jede und jeder hatte ganz persönliche Wünsche und projizierte diese auf die neue Heimat. Aus den individuellen Vorstellungen formte sich ein gemeinsames Traumbild, welches bis heute für zahlreiche Einwander*innen Anziehungskraft entfaltet. Wie können sowohl

Wie sieht dieser Traum aus und lässt er sich räumlich darstellen?

die individuellen Traumbilder, die „american dreams“, als auch die große, übergeordnete Fantasie, der „amerikanische Traum“, für die Besucher*innen sichtbar gemacht werden? Lässt sich so etwas Flüchtiges und Individuelles wie ein Traum in ein Raumbild für eine Ausstellung verdichten?
Diese Fragen begleiteten uns bei der Entwicklung der Gestaltung für die Ausstellung „American dreams“. Ausgehend von Einzelgeschichten entführt die Gestaltung die Betrachtenden in das übergroße Traumbild, den Mythos Amerika.
Als Umschreibung für das individuelle Streben nach Glück in einem gelobten Land einigten wir uns zu Beginn des Entwurfsprozesses auf die Metapher „Nach den Sternen greifen“. Die Grundelemente der Gestaltung sind der amerikanischen Flagge entlehnt: das blaue Rechteck mit den weißen Sternen steht für das ferne Glück, zu dem sich die Menschen auf die Reise machen, während die Streifen die vielen einzelnen Wege dorthin repräsentieren.
Die Streifen ziehen sich den Boden des Ausstellungsraums entlang. Jeder Streifen erzählt eine persönliche Auswanderungsgeschichte. Er löst sich punktuell vom Boden, entwickelt sich in die Höhe und wird dreidimensional. Das rote Band wird zu Podest, Tisch oder Rückwand und dient der Präsentation von Originalexponaten, Texten und Grafiken, mit deren Hilfe die Biografie der jeweiligen Person dargestellt wird. Die Vitrinen bleiben überwiegend niedrig, um den Blick in die Tiefe des Raums zu erhalten.
Der inhaltlichen Gliederung der Ausstellung folgend werden die Streifen in Feldern gebündelt, für jedes Kapitel ein Streifenfeld. Innerhalb eines Feldes laufen die Streifen parallel. Sie werden auf einen Endpunkt hin ausgerichtet, den eine raumhohe vertikale Leinwand bildet. Dort ist eine Videocollage aus künstlerischen Positionen zum amerikanischen Traum zu sehen. Jede der vier Projektionen beleuchtet eine Facette des amerikanischen Traums. Zusammen ergeben sie ein komplexes Bild dieses Mythos, welches den Raumeindruck prägt. Die bewegten Bilder sollen der Wandelbarkeit und Vergänglichkeit von Träumen Rechnung tragen. Ein Kapitel bleibt ohne Traumprojektion. Hier geht es um die Flucht vor nationalsozialistischer Verfolgung. Eine Verbindung mit dem Begriff „Traum“ wäre hier zynisch erschienen.
Um die Menschen hinter den Geschichten hervorzuheben, beginnt jede Biografie mit einem Aufsteller, von dem das sternförmig ausgeschnittene Porträt der ausgewählten Person die Herantretenden anschaut. Die Sternform kommt in der Ausstellung immer wieder zum Einsatz, um den Blick auf besondere Angebote und Vertiefungsmöglichkeiten zu lenken. Gleich zu Beginn markiert ein großer Stern am Boden den Prolog. Auf mehreren Monitoren, die sich um eine Betonstütze in die Höhe schrauben und vom Titel der Ausstellung „American dreams“ gekrönt werden, gehen wir der Frage nach, ob es den amerikanischen Traum heute noch gibt. Ein weiterer Stern markiert den Infopoint, wo sich im Stil eines Instagram feeds vertiefende Informationen rund um die Aus- und Einwanderung abrufen lassen. Am Ende bekommen die Besucher*innen die Möglichkeit, ihre Wünsche für eine besseres Zusammenleben zwischen Eingewanderten und Aufnahmegesellschaft auf Sternen in den Sternenhimmel zu hängen.

Entwurfsskizzen
BÜROBERLIN 2023

Julia Neubauer
büroberlin

KÜNSTLICHE INTELLIGENZ UND AMERICAN DREAMS

In den letzten Jahren testen auch Museen verstärkt den Einsatz von Künstlicher Intelligenz (KI) in Ausstellungen. Wissenschaftler*innen glauben, dass die KI unsere Gesellschaft auf eine ähnlich grundlegende Weise verändern wird wie die Erfindung des Buchdrucks im 15. Jahrhundert (Kissinger/Schmidt/Huttenlocher 2022, 207f.). In ihrer Keynote zur Tagung „Cultures of Artificial Intelligence" im Badischen Landesmuseum (1./2.12.2022) regte die Londoner Professorin für Digitale Kulturen, Mercedes Bunz, an, nicht nur die Fähigkeit der KI, „Bedeutung zu berechnen", zu nutzen, sondern auch kritisch darüber nachzudenken, wer aus welchen Motiven die Entwicklung selbstlernender digitaler Systeme beeinflusst und welche Rolle kulturelle Institutionen hierbei spielen können. Die Ausstellung „American Dreams" setzt KI in zwei Medienstationen ein, um auf innovative und kreative Weise Hintergrundinformationen zu migrationshistorischen Fragen liefern zu können und um Besucher*innen Einblicke in die Arbeitsweise von KI zu ermöglichen.

Migration setzt Strukturen voraus: Transportmittel, Zugang zu Informationen, finanzielle Mittel, Netzwerke und soziales Kapital. Regeln und Gesetze können Wanderungsbewegungen beschränken oder fördern. Erst aus der Wechselwirkung zwischen systembedingten und persönlichen Faktoren entwickelt sich das je eigene Einwanderungs-Schicksal. Davon hängt ab, ob sich die Hoffnung auf ein besseres Leben erfüllt. Die in der Ausstellung thematisierten Biographien müssen also ergänzt werden mit Informationen zu den migrationshistorischen Rahmenbedingungen. Dies geschieht am digitalen Infopoint.

Welche Regeln gab es? Wie war die Auswanderung organisiert? Wie war die Reise? Wie gestaltete sich das Einleben in der neuen Heimat? Diese Fragen werden am Infopoint fünfzehn in der Ausstellung repräsentierten Auswanderern oder Auswanderinnen vorgelegt. Den Einstieg bildet jeweils ein von der KI „Midjourney" generiertes „Selfie", das die Person in einer realen biografischen Etappe zeigt. Friedrich Hecker hätte sicherlich ein Bild von seiner Fahrt mit dem superschnellen Segeldampfer gepostet, wenn er ein Smartphone besessen hätte! Die Bilder erregen Aufmerksamkeit und Interesse. So führen sie zu einer vertieften Auseinandersetzung mit migrationshistorischen Themen. Die Hintergrundinformation wird dann nicht mehr von der KI, sondern der Kuratorinnen-Intelligenz geliefert. Die KI ist hier ein Grafik-Tool, das Geschichte greifbarer macht durch zeitgemäße Technik und Ästhetik.

Anders ist es in der Traumfabrik. Hier geht es um interaktives Storytelling in Kooperation mit einer Bild-KI. Die Besucher*innen sind eingeladen, ihre eigene Migrationsgeschichte oder die ihrer Familie zu reflektieren und sie zum Bestandteil der Ausstellung zu machen. Anhand vorgegebener Leitfragen können sie ihre persönliche Migrationsgeschichte eingeben. Die wortverarbeitende KI „Open AI"

ChatGPT, was hätte Friedrich Hecker zur KI gesagt?

„Die K.I. ist eine große Herausforderung und Chance für die Menschheit. Wir müssen sie mit Mut, Vernunft und Demokratie gestalten."

erzeugt daraus Regieanweisungen, aus denen die bildverarbeitende KI „Stable Diffusion" eine Filmkulisse generiert. So entsteht zum einen eine Bild-Text-Kombination der Migrationsvorgänge, die Ziele, Träume, Sehnsüchte, aber auch Schwierigkeiten und Enttäuschungen im Wanderungsprozess sichtbar macht. Die Storyteller behalten dabei stets die Kontrolle über ihre eigene Geschichte.

Sie können die Bilder verwerfen, von vorn beginnen oder sie veröffentlichen. Die KI-erzeugte Umsetzung von Wörtern in Bilder erlaubt es, der KI über die Schulter zu schauen. So erhalten die Besucher*innen einen Eindruck von den Möglichkeiten (und Grenzen) KI-generierter Inhalte. FD

UNBERÜHRTES LAND

„Virginia", Jungfrau, nannte Sir Walter Raleigh Land in Amerika, das er zu Beginn der englischen Kolonialisierung des Kontinents um 1590 für die englische Krone in Besitz nahm. Er wollte damit die unverheiratete englische Königin Elisabeth I. ehren. Die geschlechtsspezifische Zuschreibung evoziert aber nicht zufällig das Bild eines männlichen Siedlers, der in einen unberührten, offen da liegenden weiblich konnotierten Raum eindringt (Paul 2014, 92). „Virgin Land" nannte der amerikanische Historiker Henry Nash Smith sein einflussreiches Buch über den Mythos des amerikanischen Westens, in dem er drei eng miteinander verwobene identitätsstiftende Erzählungen untersucht – „agrarianism", „expansionism" und „frontier" (Smith 1950). Gründervater Thomas Jefferson idealisierte die USA als eine Republik selbstbestimmter, rechtschaffener Farmer, denen er das von Fürsten, Händlern und Fabrikanten geprägte korrupte alte Europa entgegenstellte. Eine stetig wachsende Zahl von Farmern würde immer weiter ins Landesinnere vordringen und die „Wildnis" schrittweise in einen paradiesischen Garten verwandeln (Smith 1950, 128-132).
1845 erklärte der New Yorker Journalist John L. O'Sullivan, es sei die „offenkundige Bestimmung" („Manifest Destiny") der Nation, „sich auszubreiten und den gesamten Kontinent in Besitz zu nehmen, den die Vorsehung uns für die Entwicklung des großen Experimentes Freiheit [...] anvertraut hat." Er prägte damit bis heute die Vorstellung der USA als einer von Gott zur Verbreitung der Demokratie auserwählten Nation (Gomez 2012, 251). 1893 entwickelte der Historiker Frederick Jackson Turner aus diesem Expansionismus eine Theorie des amerikanischen Nationalcharakters, der geprägt sei vom ständigen Überschreiten der „frontier", der Grenze zwischen Zivilisation und Wildnis. „Diese ewige Wiedergeburt, die Flexibilität des amerikanischen Lebens, die Ausbreitung nach Westen mit den neuen Möglichkeiten, die dauernde Begegnung mit dem einfachen, primitiven Leben" hätten die Amerikaner*innen gestählt (Paul 2014, 323).
Die Verklärung der Westexpansion rechtfertigte die aggressive Expansionspolitik eines „violent empire" (Smith-Rosenberg 2010). Vor der Invasion der Europäer lebten rund 7 Millionen Indigene in Nordamerika. Infektionskrankheiten und Gewalt hatten die Indigenen Amerikas bei Ankunft der ersten Siedler*innen aus Baden und Württemberg Anfang des 17. Jahrhunderts bereits auf ca. 700.000 Menschen reduziert. Der Siedlerkolonialismus und die Umsiedlungspolitik im 19. Jahrhundert verdrängten sie immer weiter nach Westen. Andrew Jackson gewann 1828 die Präsidentschaftswahl mit dem Versprechen, die „Indianer" vollständig zu enteignen. Mit dem „Indian Removal Act" vom 28. Mai 1830 wurden die Indigenen Amerikas mehr oder weniger gewaltsam dazu gezwungen, das Staatsgebiet der USA zu verlassen und in ein „Indian Territory" westlich des Mississippi (später Oklahoma) zu ziehen (Mattioli 2017, 141-150).

Aber damit begnügten sich die weißen US-Amerikaner*innen nicht lange. Im Lauf des 19. Jahrhunderts enteigneten sie die Indigenen Amerikas flächendeckend und zwängten sie auf meist unfruchtbaren Landresten zusammen.

Um 1900 lebten noch etwa 237.000 Indigene Amerikas. Die „Reservate" waren Institutionen kolonialer Fremdbestimmung. Weiße Siedler*innen bekamen dagegen mit dem „Homestead Act" von 1862 zu kolonisierendes Land von der Regierung geschenkt.

Menschen aus Baden und Württemberg waren von Anfang an Teil der europäischen Invasion. „Das Land betreffend so schenckt und verehrt die Herrschafft jedem Hauß-Vater zu einem wahren Eigenthum 50 Morgen Lands", behauptete der aus Fachsenfeld stammende Pfarrer Josua Kocherthal 1709 und förderte damit die erste Massenmigration aus Südwestdeutschland nach Amerika (Diekmann 2005, 79-89). Manche Siedler*innen aus Baden oder Württemberg begegneten Indigenen Amerikas. Der Historiker Colin G. Calloway unterscheidet vier Grundrollen der Begegnung Deutscher mit Indigenen, die in der Ausstellung exemplarisch repräsentiert werden: Dolmetscher und Missionare, wie Weiser und Zinzendorf; Landnehmer*innen wie Elisabeth Henle; Soldaten wie Karl Herzog oder die Kämpfer im Dakota War; Reisende und Künstler, Forscher und Sammler, wie Herzog Paul Wilhelm von Württemberg (Calloway 2002, 52-66). FD

John Gast: American Progress, 1872
AUTRY MUSEUM OF THE AMERICAN WEST, LOS ANGELES

Auswanderungsexperte und Zwangsmigrant

FRIEDRICH LIST

GEBOREN AM
06.08.1789
IN REUTLINGEN, FREIE REICHSSTADT

AUSREISE IN DIE USA
1825
AUF DEM SEGELSCHIFF „HENRY“ VON LE HAVRE

ANKUNFT NACH
43 Tagen
IN NEW YORK

VERSTORBEN AM
30.11.1846
IN KUFSTEIN, TIROL

„Sie glauben nicht an die Beschwerden der Reise und daß sie auf der Seefahrt als Waare behandelt werden; sie wißen es ganz gewiß, daß man in Amerika den Morgen Akers um 6 Gulden kauft, Vieh die Menge vorräthig ist, daß man AnfangsCredit genug hat, daß die Früchten gut abgesetzt werden, daß selbst der Taglöhner 1 Gulden täglich zurüklegen kann usw. Alles dieses wißen sie aus Briefen, welche von frühern Auswanderern nach Kornwestheim, nach Thann, und nach Ludwigsburg an den Leinwandhändler Aikele gekommen sind.“ Kopfschüttelnd berichtete der junge Finanzbeamte Friedrich List am 1. Mai 1817 seinen Vorgesetzten von der Naivität der Auswanderungswilligen. Über 600 Menschen warteten am Hafen von Heilbronn auf Schiffe nach Rotterdam, um von dort in die USA auszuwandern. List sollte sie nach ihren Motiven befragen und nach Möglichkeit von der Auswanderung abbringen. Selbst ein unerbittlicher Kritiker der württembergischen Bürokratie, sah er in „allzu hohen Abgaben und Bedrückung aller Art“ den Hauptgrund für das „Auswanderungsfieber“ (Moltmann 1979, 120-187). Es gab zwar die von ihm beschuldigten Schlepper. Schon Mitte des 18. Jahrhunderts hatten Kaufleute in Rotterdam, Le Havre und London das lukrative Geschäft mit Auswander*innen entdeckt. Sie bezahlten Briefschreiber, die unter Vorspiegelung paradiesischer Zustände Migrant*innen anwarben, um so Fracht für die ansonsten leer fahrenden Schiffe nach Amerika zu generieren (Wokeck 1999, 32, 66ff.). Doch die meisten Auswander*innen folgten nicht blind unrealistischen Verlockungen, sondern trafen eine durchaus rationale Entscheidung. Eine Gruppe aus Unterheimsbach nannte List vier Gründe: das Fehlen von Saatgut, unbezahlbare Steuern, das Verbot, Holz zu sammeln und schließlich „Theurung und Hungersnoth“. Michael Schaffert aus Waldbach fürchtete, dass es jetzt „an den mittlen Mann“ gehe, „weil der die ganz Armen auch mit erhalten soll“ (StadtA Reutlingen, LA 2.4; 2.4 a). 1816 war ein „Jahr ohne Sommer“ gewesen. Seit 1920 weiß man, dass Vulkanausbrüche, vor allem der des indonesischen Tambora, zu einer beispiellosen Kältewelle geführt hatten, die allerdings in Amerika genauso zu spüren war. Leicht werden es die Auswanderer also nicht gehabt haben.
Ihr Schicksal verliert sich im Dunkeln. Lediglich vom Ehepaar Michael und Christiana Schaffelt ist bekannt, dass sie sich am 24. November 1817 für dreieinhalb Jahre als Knecht und Magd bei Nathan Woods in Dickenson/PA verdingen mussten, sicher-

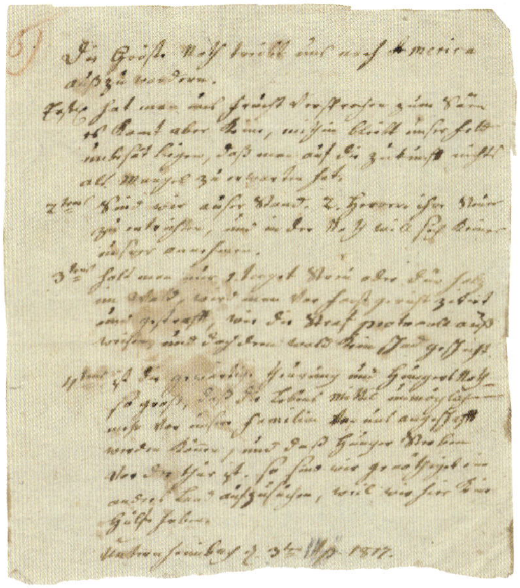

Klagebrief von Auswanderern aus Unterheimsbach, 3. Mai 1817
STADTARCHIV REUTLINGEN

Reisemantel und Koffer von Friedrich List, um 1825
HEIMATMUSEUM REUTLINGEN

lich ein hartes Los für den „mittlen Mann" (Grubb 1994, 16).
Acht Jahre später machte sich List selbst mit seiner Familie auf den Weg nach Amerika. „Wir Eltern saßen in schweren Gedanken: Heute sollten wir Deutschland verlassen und alles, alles was uns lieb und teuer darinnen gewesen, ach! vielleicht auf immer, und hinausziehen über das Weltmeer. [...] Da stimmten die Kinder das Lied an: Auf, auf ihr Brüder und seid stark, etc. Wir ziehen über Land und Meer nach Nordamerika." (List 1933, 52) Schubarts „Kaplied" war zum inoffiziellen Auswanderungshit avanciert (Hailer-Schmidt 2004, 292-296). Nicht Teuerung und Hungersnot trieben List fort, sondern die Suche nach politischem Asyl in den USA. 1822 war er wegen seiner kompromisslosen Kritik an Missständen der württembergischen Verwaltung zu zehnmonatiger Festungsstrafe verurteilt worden, die er seit August 1824 auf dem Hohenasperg abbüßen musste. Nur unter der Bedingung der sofortigen Auswanderung in die USA wurde er Anfang Januar 1825 entlassen.
In den USA scheint List nie ganz angekommen zu sein, rastlos wanderte er umher, begann viele Projekte, hatte durchaus Erfolg, doch blieb nie lange dabei. Zunächst begleitete er den gefeierten General Lafayette auf eine mehrmonatige Rundreise durch die Staaten und lernte so Mitglieder der amerikanischen Elite kennen. Im Herbst 1825 sah er sich in der Gegend um Pittsburgh um und besuchte auch Rapps neu gegründete Siedlung Economy. Die Bewohner erschienen ihm froh und vergnügt, und er staunte, „was vereinte Kräfte redlich gesinnter, friedfertiger, ihren Mitmenschen wohlwollender Leute in diesem Lande herzustellen im Stande sind" (AK List 1989, 115). Hoffnungsfroh kaufte er in der Nähe von Harrisburg eine Farm mit 12 Kühen und berichtete seiner Frau stolz: „Heute habe ich schon gehackt und gegraben, um die Hügel eben zu machen." (ebd., 116) Doch die akademisch ausgebildeten Lists scheiterten als Bauern. Im August 1826 übernahm List die Redaktion des Readinger Adlers. Er engagierte sich für ein Schutzzollsystem und begann ein wirtschaftswissenschaftliches Grundlagenwerk, den American Economist, zu schreiben. Zwischen Pottsville und Mauch Chunk entdeckte er ein reichhaltiges Steinkohlerevier, kaufte dort Land in großem Stil und gründete zum Transport der Kohle eine Eisenbahnbaugesellschaft, die 1831 eine Strecke von 21 Meilen eröffnete – bei einem Gesamtschienennetz von 54 Meilen eine Pionierleistung. Auch im Importhandel war List tätig, so bot er 1829 Friedrich Rapp über 100 Schwarzwälder Uhren zum Kauf an (Arndt 1984, 318-320). Im Präsidentschaftswahlkampf 1828 unterstützte er aus persönlicher Sympathie den Kandidaten der Demokraten, Andrew Jackson, obwohl dieser Schutzzölle ablehnte. Besser kann man nicht integriert sein. Und doch sehnte sich List nach Deutschland zurück. 1830 reiste er für einige Monate nach Europa, konnte dort als politischer Exilant aber nicht Fuß fassen. Erst die Ernennung zum Konsul für Baden im Sommer 1832 ermöglichte ihm die Rückkehr. Familie List zog nach Leipzig. Am 30. Juni 1834 dankte Andrew Jackson die einstige Unterstützung mit der Ernennung Lists zum Konsul für die Vereinigten Staaten in Sachsen. Lists mit Eisenbahnbau und Zollpolitik gemachten Erfahrungen in Amerika flossen in seine Arbeit als Wirtschaftsexperte im Deutschen Bund ein. Württembergischen Boden hat er nicht mehr betreten. FD

WENDELIN GRIMM

GEBOREN AM
18.10.1818
IN KÜLSHEIM, GROSSHERZOGTUM BADEN

AUSREISE IN DIE USA
1857
AUF DEM SEGELDAMPFER „JASON“
VON BREMERHAVEN

VERSTORBEN AM
08.12.1890
IN CHASKA, MINNESOTA

Später Lohn

Minnesota ist ein Bundesstaat im Mittleren Westen, der für seine kalten Winter bekannt ist. Im Spätsommer 1857 traf die Familie Grimm dort nach langer Reise ein. Wendelin Grimm, seine Ehefrau Juliana, geb. Segner (36 Jahre), und die Kinder Franz Alois (11 Jahre), Josef Bernhard (8 Jahre) und Ottilia (6 Monate) waren zunächst von ihrem Wohnort Külsheim nach Bremen gefahren, dann mit dem Dampfer „Jason“ nach New York gereist, wo sie am 29. Juni 1857 ankamen. Mit Eisenbahn, Flussboot und Wagen fuhren sie danach weiter nach Carver County, einer Region etwa 35 km von der Hauptstadt Minneapolis entfernt. Das von Deutschen und anderen europäischen Migrant*innen besiedelte County hatte die US-Regierung erst kürzlich per Vertrag von den Dakota Sioux erworben. Ende August 1857 kaufte Wendelin von dem bayerischen Einwanderer John Neunsinger 55 Hektar in der Nähe des Dorfes Victoria. Neben dem Anbau von Weizen züchteten die Farmer in Carver County auch Rinder, die sie frei auf der Prärie weiden ließen. In den kalten Wintermonaten aber hatten sie große Mühe, genügend Futter zu beschaffen, um ihr Vieh gesund zu halten. Als Grimm in Minnesota ankam, brachte er auch eine Holzkiste mit Samen des „Ewigen Klees“ (Luzerne) mit. Diesen Samen hatte er auf seinem Hof in Külsheim gezüchtet. Im ersten Frühjahr säte Grimm ihn auf seinem neu erworbenen Land aus, um Futter für sein Vieh wachsen zu lassen.
Die Aussaat hatte im kalten Norden Minnesotas aber nur wenig Erfolg. Im ersten Winter wurden 90 Prozent der Pflanzen von der Kälte zerstört. Grimm ließ sich aber nicht entmutigen und sammelte von den überlebenden Pflanzen wieder die Samen für

Kiste von Wendelin Grimm, 1850er Jahre
CARVER COUNTY HISTORICAL SOCIETY, WACONIA

„Grimm Alfalfa"-Sack, um 1920
CARVER COUNTY HISTORICAL SOCIETY, WACONIA

die Aussaat im nächsten Jahr ein. Dreißig Jahre lang züchtete Grimm sein Saatgut und entwickelte so schließlich eine Sorte, die die harten Winter in Minnesota überstehen konnte. Viele von Grimms Nachbar*innen bemerkten die Widerstandsfähigkeit seiner Ernte und die Gesundheit seines Viehs. „Im Sommer 1863 trieb Grimm auf dem Weg zum Markt eine Reihe von fetten Vieh an [Nachbar Henry] Gerdsens Haus vorbei. Gerdsen, überrascht, so fette Tiere zu sehen, als das Futter knapp und sein eigenes Vieh mager war, fragte Grimm, woher er seinen Mais hatte. Grimm, dem der Futterwert der Luzerne schon lange bewusst war, antwortete stolz: ‚Kein Körnchen, nur ewiger Klee'." (Edwards 1938, 22)

Grimm starb 1890, aber seine Kinder pflanzten weiter und teilten seine Luzernesamen mit ihren Nachbar*innen. Einer von ihnen, Arthur B. Lyman, war ein begeisterter Luzerne-Anhänger und versuchte, Agrarexperten an der Universität von Minnesota auf Grimms Luzerne aufmerksam zu machen. Im Jahr 1900 besuchten zwei Professoren der Minnesota Agricultural Experiment Station, Willet M. Hays und Andrew Boss, die Grimm Farm und waren von der blühenden Ernte beeindruckt. Einige Jahre später nannte Hays, der inzwischen stellvertretender Landwirtschaftsminister geworden war, die Sorte „Grimm Alfalfa" und begann sie unter amerikanischen Milchbauern zu fördern. Mit großem Erfolg: Die Milchindustrie in den nördlichen Bundesstaaten des Mittleren Westens wuchs außergewöhnlich schnell, als die Landwirte Grimm Alfalfa übernahmen.

Ein Nachteil von Grimm Alfalfa war die Unfähigkeit, bakterieller Welke zu widerstehen. In den 1940er Jahren wurden widerstandsfähigere Stämme entwickelt. Aber auch wenn die Verbreitung von Grimm Alfalfa damit endete, stammt die gesamte nordamerikanische Luzerne von dem ursprünglichen Samen, der auf Grimms Farm ausgesät worden war. Alfalfa (Englisch für Luzerne) ist heute die drittgrößte Nutzpflanze in den USA und wird auf mehr als 25 Millionen Hektar Ackerland angebaut. Ihr Wert wird jährlich auf zehn Milliarden Dollar geschätzt.

Im Laufe von 15 Jahren bauten Grimm und seine Familie ihre Blockhütte zu einem großen Haus aus. Was von diesem Gehöft übriggeblieben ist, bildet heute einen Teil der Carver Park Reserve und wird im National Register of Historic Places aufgeführt. 1872 übergab Grimm das ursprüngliche Gehöft an seinen Sohn Frank. Dann zog er in das heutige Chaska und bewirtschaftete dort einen zweiten Hof. Dieser wird immer noch von Grimms Nachkommen, den Enkeln seiner Tochter Ottilia, bewohnt und bewirtschaftet. CZM

ELISABETH FINK-HENLE

GEBOREN AM
22.03.1831
IN ERBACH, KÖNIGREICH WÜRTTEMBERG

AUSREISE IN DIE USA
1854
AUF DEM SEGELSCHIFF HELVETICA

VERSTORBEN AM
06.10.1907
IN NEW ULM, MINNESOTA

Tragik der Kolonisatorin

Im Herbst 1854 stapfte eine Gruppe von vier Deutschen, angeführt von Athanasius Henle aus Erbach bei Ulm, durch die „wilde Prairie“ im südlichen Minnesota. Ein ortskundiger Pelzhändler hatte ihnen einen Siedlungsplatz an der Mündung des Cottonwood Flusses in den Minnesota Fluss empfohlen. „Natürlich sah der Platz jetzt noch rauh und öde aus. Es nahm die Tapferen nicht lange sich zu entscheiden für diesen Platz zur Niederlassung. Um nun ihr erstes Anrecht zu sichern, steckten sie eine Stange mit einem Büschel Heu daran gebunden in die Erde“, berichtete Henles gleichnamiger Sohn (BCHS, Henle File). Aus dem nahen Traverse de Sioux holten sie den Rest ihrer Gruppe, 28 Mitglieder der Chicago Land Company, die vor Cholera und Deutschfeindlichkeit aus der rasch wachsenden Stadt am Michigansee geflohen waren. „Am 9. Oktober langte die kleine Kolonie an dem neuen Bestimmungsort an. Doch was gabs nun weiter? Da war Gottes wilde Natur, kein Haus und keine Hütte zur Unterkunft. Umschau haltend, fand man, sogenannte Indianer ‚tepees‘, die leer waren. Die Indianer hatten die tepees verlassen wegen der Pocken, die unter ihnen herrschten. Die Kolonie bezog die tepees. [...] Als die erste Landmessung vollendet war, wurde ein Name gesucht für die neue Stadt. Da das Gelingen des Werkes den tapferen Schwaben zuzuschreiben war, wurde ihr neuer Heimatsort nach dem alten Heimatsort Ulm, Neu Ulm genannt. [...] Im Frühjahr wurde der Boden mit hölzernen Pflügen gepflügt und Kartoffel gepflanzt. Diese wurden aber wieder aufgegraben zum essen. Butterbrot gab es keines.“ (BCHS, Henle File)
Hart wird das Leben der ersten Siedler von New Ulm sicherlich gewesen sein. Doch dass die Tipis am Cottonwood Fluss verlassen waren, ist eine nachträgliche Schutzbehauptung. Vielmehr lebte seit den 1830er Jahren eine Gruppe von Sisíthuŋwaŋ-Dakota in diesem Maya Kicaksa genannten Dorf (Westermann 2012, 121).
Während des Sommers hatten sie es zur Nahrungsbeschaffung verlassen. Als sie die Tipis bei ihrer Rückkehr besetzt

Ehrung von Elisabeth Henle als Überlebende, 1904
BROWN COUNTY HISTORICAL SOCIETY, NEW ULM

Schlossansicht aus Erbach, 19./20. Jh.
BROWN COUNTY HISTORICAL SOCIETY, NEW ULM

fanden, forderten sie die Siedler wütend auf, zu verschwinden. Diese erfanden dann die Mär einer Pockenepidemie, um die Dakota zu verscheuchen. Mit Erfolg, denn diese von Europäern auf den amerikanischen Kontinent eingeschleppte Infektionskrankheit hatte jahrhundertelang entsetzlich unter den nicht immunisierten Indigenen gewütet und war von ihnen zu Recht gefürchtet.

Unter den 32 Pionieren, die den ersten Winter am Cottonwood-Fluss verbrachten, war nur eine Frau, Elisabeth Fink, ebenfalls aus Erbach. Die ehemalige Gouvernante der Kinder des Freiherrn Maximilian von Ulm-Erbach-Mittelbiberach war mit ihrer Schwester Barbara und deren Mann Johann Baptist Zettel im Frühjahr 1854 nach Chicago ausgewandert, wo sich die drei der Chicago Land Company angeschlossen hatten. Im April 1856 heiratete sie Athanasius Henle, wenige Wochen später kamen ihre Eltern Johann Martin Fink und Monika Fink, geb. Schlichthärle, Bruder Max, die Schwestern Veronika, Lukrezia und Philippina mit ihren Kindern nach Minnesota. Über die Auswanderungsgründe lässt sich nur spekulieren. Nachfahre Craig Duehring überliefert, Athanasius Henle sei vor der „Tyrannei“ des Freiherrn geflohen (BCHS, Henle File). Johann Martin Fink war als „Holzwart und herrschaftlicher Baumeister“ Angestellter bei Hof, wohlhabend und gut integriert. Allerdings gebaren zwei seiner Töchter, Lukrezia und Philippina, 1846, 1853 und 1856 uneheliche Kinder. Im streng katholischen Erbach mochte das problematisch gewesen sein. Bei zwei Kindern fehlt die Angabe zum Vater. War es ein Adeliger? Jedenfalls wanderte die Familie unmittelbar nach dem Tod des Säuglings Maximilian zu den beiden in Amerika lebenden Töchtern aus (Archiv Erbach, NL Gatti). Zwei Vasen und eine Schlossansicht aus der alten Heimat wurden von den Nachfahren als Schätze bewahrt.

Die katholischen Familien Fink, Henle, Zeller und Zettel aus Erbach siedelten nicht in New Ulm, sondern im nahen Milford nahe der Lower Sioux Reservatsgrenze. Im Dakota-Krieg 1862 griffen enttäuschte Dakota-Krieger Milford als erste Siedlung an. Sie töteten 55 Menschen, darunter 17 Verwandte von Elisabeth Fink – ihre Eltern, die Schwestern Lucrezia und Barbara mit ihren Männern und allen Kindern außer dem 1846 in Erbach geborenen John, den Bruder Max und dessen Sohn Carl. Schwester Philippina starb ein Jahr später an gebrochenem Herzen. Elisabeths Kernfamilie – sie hatte inzwischen vier Kinder geboren – überlebte (Gebhard 2012, 57f.). In der Familie wird kolportiert, dass sie von „freundlichen Indianern“ vor dem Angriff gewarnt worden war, weil sie es zuvor verstanden hatte, eine Nachbarschaftsbeziehung zu Dakota aufzubauen. Nachprüfen lässt sich das nicht, aber auch John E. Robertson, der Kurator des von Dakota geführten Museums der Lower Sioux Agency hat davon gehört, dass Elisabeth Henle verschont wurde, weil sie freundlich zu Dakota gewesen war. FD

DIE DAKOTA IM KRIEG 1862

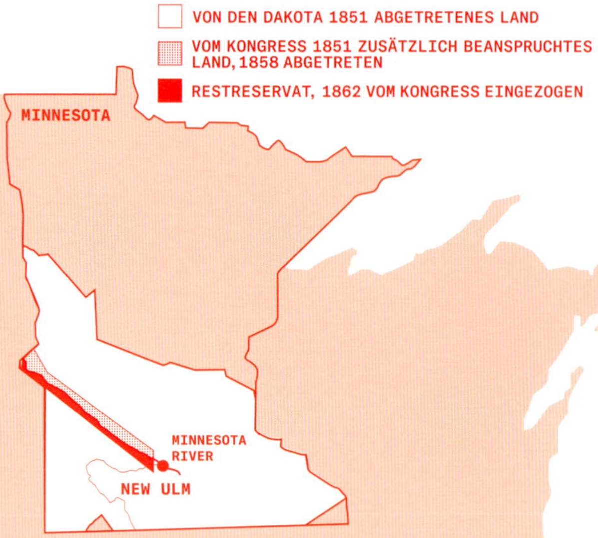

Verzweiflungstäter

„Die Weißen wollten die Indianer zwingen, ihr Leben aufzugeben und wie Weiße zu leben, Farmer zu werden, hart zu arbeiten wie sie, ihnen zu gehorchen, was die Indianer nicht konnten und nicht wollten. [...] Viele Weiße beschimpften die Indianer und behandelten sie unfreundlich", schilderte der Bdewakatuŋwaŋ-Dakota Wambdi Taŋka (Big Eagle; *1827 bei Mendota, + 05.01.1906 Granite Falls/MN) die Situation im Sommer 1862 (Anderson 1988, 23f.). Die Bdewakatuŋwaŋ-, Wahpékhute- und Wahpétuŋwaŋ-Dakota waren, genau wie die deutschen Siedler*innen, erst in den 1850er Jahren in die Gegend des Cottonwood-Flusses gezogen. Der Gouverneur des jungen Staates Minnesota (Territorium seit 1849, Bundesstaat seit 1858), Alexander Ramsey, wollte neues Land für weiße Siedler*innen erschließen und hatte die Dakota 1851 zu gewaltigen Landabtretungen gezwungen. Die Verträge waren das Papier nicht wert, auf das sie geschrieben waren. Nicht nur, weil den Dakota das Konzept des Grundbesitzes fremd war und sie daher annahmen, ihr geheiligtes Land lediglich für 50 Jahre verpachtet zu haben (Westermann 2012, 175). Sondern weil der Senat in Washington nachträglich zusätzliches Land gegen den ausdrücklichen Wunsch der Dakota für die USA beanspruchte. Und weil von den 3.750.000 Dollar, die den Dakota zustanden, fast nichts bei ihnen ankam, sondern der Löwenanteil korrupten Händlern und Agenten ausbezahlt wurde. Nachverhandlungen in Washington 1858 zementierten das Unrecht (Anderson 1997, 189-201).
Im „Reservat" war das Überleben schwierig. Jagdwild war rar. Dakota, die Farmer wurden und die sich taufen ließen, wurden bevorzugt. Die anderen hungerten. Die versprochenen Zahlungen blieben aus, angelieferte Nahrungsmittel waren verdorben. Auch deutsche Siedler*innen machten sich unbeliebt, weil sie Wild verscheuchten und keinerlei Wert auf einen nachbarschaftlichen Austausch zu legen schienen. Verständigung war schwer, wenn die einen weder Dakota noch Englisch, die anderen aber kein Deutsch sprachen (Anderson 1997, 243). Und so entzündete ein Vorfall im August 1862 einen Flächenbrand, an dessen Ende mehr als 600 Kolonist*innen, rund 110 Soldaten und 150 Dakota tot waren. 40.000 Siedler*innen hatten zeitweise ihre Häuser aufgegeben.
Etwa 6.000 Dakota wurden „Opfer ethnischer Säuberungen" (Anderson 2019, IX). Auslöser war ein missglückter Eierdiebstahl am 17. August, bei dem junge Bdewakatuŋwaŋ-Krieger drei Männer und zwei Frauen in der Nähe von Acton töteten. Am selben Tag warb die US-Armee in New Ulm Freiwillige für den fernen Bürgerkrieg an. Die Dakota-Krieger glaubten die Zeit günstig, um die weißen Farmer zu vertreiben. Ta Oya Te Duta (Little Crow; * 1810 in Kaposia (St. Paul/MN); + 03.07.1863 bei Hutchinson) erklärte sich widerstrebend bereit, die Angriffe anzuführen, um nicht als Feigling dazustehen: „Ihr Tapferen, ihr seid wie kleine Kinder, ihr wisst nicht, was ihr tut! [...] Seht! Die Weißen sind wie die Heuschrecken, die in dichten Schwärmen kommen wie ein Schneesturm. Ihr könnt einen, zwei, zehn töten, ja, so viele wie die Blätter im Wald, und ihre Brüder werden sie gar nicht vermissen. Tötet einen, zwei, zehn – und dann werden zehnmal zehn kommen, um euch zu töten." (Anderson 1988, 40) Er sollte Recht behalten.
Während einige Dakota die Lower Sioux Agency, Milton, New Ulm und weitere Siedlungen angriffen, teilweise zerstörten und Siedlerfamilien massakrierten, blieb die Mehrheit der Dakota neutral oder beschützte Siedlerfamilien. Das Militär blies nun aber zu einem von der Presse unterstützten Rachefeldzug. Der Nord Stern in La Crosse sprach vom „Vernichtungskrieg", die deutschsprachige Minnesota-Staatszeitung forderte einen „Ausrottungskrieg" (Penny 2013, 87f.). Auch Gouverneur Ramsey erklärte am 9. September 1862: „Die Sioux in Minnesota müssen ausgerottet oder über die Grenze von Minnesota vertrieben werden." (MNHS, Alexander Ramsey; Sioux ist eine früher gebräuchliche Bezeichnung für Dakota) Nach einer Niederlage am Wood Lake am 23. September 1862 ergaben sich die Dakota. Eine Militärkommission verurteilte 303 Männer in skandalösen Schnellverfahren zum Tod. Nach einer Intervention Präsident Lincolns wurden am 26. Dezember 1862 letztlich 38 Dakota in einem öffentlich inszenierten Spektakel hingerichtet. Auch die am Krieg unbeteiligten Dakota-Familien wurden in ein Internierungslager bei Fort Snelling verbracht, wo etwa 130 bis 300 Menschen im harten Winter starben. Der Rest musste 1863 Minnesota verlassen, die Verträge von 1851 wurden annulliert. FD

Ta Oya Te Duta (Little Crow), 1862
MINNESOTA HISTORICAL SOCIETY, ST. PAUL

Anpetu Tokeca (John Other Day), 1862
MINNESOTA HISTORICAL SOCIETY, ST. PAUL

Taopi (Wounded Man), 1862
MINNESOTA HISTORICAL SOCIETY, ST. PAUL

Wambdi Taŋka (Big Eagle), ca. 1863
MINNESOTA HISTORICAL SOCIETY, ST. PAUL

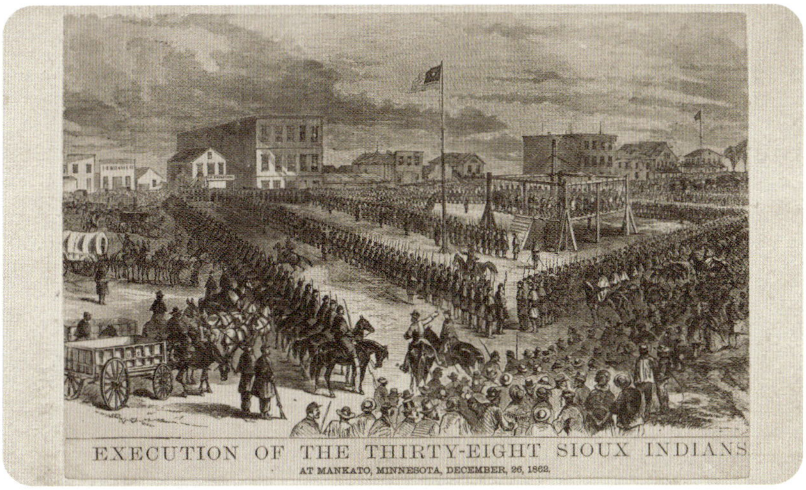

Hinrichtung von 38 Dakota in Mankato, 26. Dezember 1862
MINNESOTA HISTORICAL SOCIETY, ST. PAUL

Snana, ca. 1899
MINNESOTA HISTORICAL SOCIETY, ST. PAUL

HERZOG PAUL WILHELM VON WÜRTTEMBERG

GEBOREN AM
25.06.1797
IN CARLSRUHE, HERZOGTUM BERNSTADT, SCHLESIEN (HEUTE: POKÓJ)

ERSTE REISE IN DIE USA
1822
AUF DEM SEGELSCHIFF „HIGHLANDER“ VON HAMBURG

ANKUNFT NACH
43 Tagen
IN NEW ORLEANS

WEITERE AMERIKAREISEN
1829, 1849, 1857

VERSTORBEN AM
25.11.1860
IN MERGENTHEIM, KÖNIGREICH WÜRTTEMBERG

Frontier-Forscher

Rund zwölf Jahre seines Lebens verbrachte Herzog Paul Wilhelm von Württemberg, ein Neffe des ersten württembergischen Königs Friedrich, in Amerika. Seine beiden außerehelichen Töchter Louise Jaeger und Katharina Pauline Dermühl wanderten in die USA aus (Firla 2001, 237). Auch der Herzog dachte ernsthaft an Auswanderung, nachdem Mergentheimer Handwerker 1849 ihre Forderungen gegen den überschuldeten Paul Wilhelm eingeklagt hatten, ließ sich dann aber doch in seiner Geburtsstadt nieder (AK Herzog Paul 2022, 104).
Am Stuttgarter Kadetteninstitut hatte er eigentlich zum Militärdienst ausgebildet werden sollen. Der dortige Naturgeschichtsprofessor Carl Friedrich Lebret weckte jedoch Paul Wilhelms Liebe zu den Naturwissenschaften. 1822 quittierte der Herzog den Militärdienst, um seinen Traum einer Amerikareise wahr zu machen. Seine erste Expedition führte ihn von New Orleans teils zu Wasser, teils zu Land entlang der Flüsse Missouri, Mississippi und Ohio weit nach Norden. Standesgemäß erhielt er Begleitschutz, Führer und Dolmetscher. Auf der knapp zwei Jahre dauernden Reise beobachtete der Herzog seine Umgebung nach naturwissenschaftlichen, ethnographischen, historischen, politischen und kulturgeschichtlichen Kriterien. Er führte Tagebuch, zeichnete, erstellte Statistiken und sammelte botanische, mineralogische, zoologische und ethnographische Objekte. Sein gedruckter Reisebericht gibt Einblick in seine Begegnungen mit Potawatomi und Osage, Iowa, Kansa, Omaha und Ponca, Dakota, Oto und Pawnee (Württemberg 1834).
Native Americans und deutscher Forscher begegneten einander neugierig und respektvoll. So zitiert der Herzog eine Ansprache des Pawnee-Priesters Ha-o-peku-leschar, er sei willkommen, „mit uns das Friedensfest zu feiern und von unseren Speisen zu genießen wie ein Bruder mit dem anderen. Du bist nicht in das Land gekommen, mit uns zu handeln und mancherlei unnützen Tand oder giftige Getränke, wie doch viele tun, für unser bestes Eigentum hinzuwerfen und dich an unserer Armut zu bereichern. Du willst uns von deinem Land etwas Neues sagen.“ (Württemberg 1834, 406) Am 3. Juli 1823 dokumentierte ein unbekannter Maler das Treffen des Herzogs mit Kansa am blauen Fluss (heute Kansas City). Herzog Paul beschrieb detailliert das absurde Ritual, wie er einen „Traktat“ mit der Regierung laut vorlas, „wobei die Indianer unaufhörlich ihren Dank ausdrückten, obgleich sie natürlich kein Wort von dem Inhalt ver-

Treffen von Herzog Paul mit Kansa, 4. Juli 1823
STADT BAD MERGENTHEIM/ DEUTSCHORDENSMUSEUM BAD MERGENTHEIM

stehen konnten", das gemeinsame Rauchen der Friedenspfeife und den „Austausch" von Geschenken. Aus den Beschreibungen Paul Wilhelms spricht zwar großes Interesse, aber nur geringes Verständnis für die Indigenen Amerikas (Klann 1999, 9), und letztlich eine kolonialrassistische Überheblichkeit mit Begriffen wie „Horde", „Urvölker" oder der Feststellung, dass der Untergang der Indigenen Amerikas unvermeidlich sei.
Die zweite Amerikareise von 1829-1831 kann durch 18 Dokumente in der Missouri Historical Society in St. Louis rekonstruiert werden. Herzog Paul erwarb Gegenstände der Ponca, der Arikara, von der American Fur Company und drang als erster weißer Forscher nach Lewis und Clark 1805 bis zu den Quellflüssen des Missouri vor (Klann 1999, 12-21). Sieben Jahre, von 1849 bis 1856, dauerte die dritte Amerikareise. Sie war von allen die abenteuerlichste. Von Juni bis Oktober 1851 begleitete der Zeichner Balduin Möllhausen Herzog Paul durch Illinois, Wisconsin, Kansas und Wyoming. Die Stimmung war angespannt. Die Plains-Nationen versuchten, die sich abzeichnende Invasion der Weißen abzuwehren. Noch hatten sie kein Land abtreten müssen, doch sollten sie schon auf geographisch fest definierte „Stammesgebiete" festgelegt werden. Die beiden Forschungsreisenden waren nicht willkommen. Sie wurden beraubt, zeitweise gefangen genommen, gerieten in Hinterhalte, Präriefeuer und schließlich Schneestürme. 1857/58 kam Herzog Paul auf dem Weg nach Australien ein viertes Mal nach Nordamerika. Auf seinen Reisen hatte er eine ungeheure Menge an Gegenständen gesammelt, wofür er sich hoffnungslos überschuldete. In 20 Zimmern des Mergentheimer Schlosses präsentierte er seine Sammlungen der Öffentlichkeit. Seine besondere Liebe galt präparierten Vögeln und Reptilien. Nach heutiger Einschätzung sind die Ethnographica aus Nordamerika am wertvollsten. Nach dem Tod des Herzogs wurden die Sammlungen versteigert und in alle Himmelsrichtungen zerstreut. FD

Pfeifenkopf der Pawnee, um 1830
LINDEN-MUSEUM STUTTGART
FOTO: ANATOL DREYER

CONRAD WEISER

GEBOREN AM
02.11.1696
IN AFFSTÄTT, HERZOGTUM WÜRTTEMBERG

AUSREISE IN DIE USA
1710
AUF EINEM SEGELSCHIFF,
WOHL DER „MEDFORD“, VON LONDON

ANKUNFT NACH
63 Tagen
IN NEW YORK

VERSTORBEN AM
13.07.1760
IN WOMELSDORF, PENNSYLVANIA

Migrant als Mittler zwischen den Welten

Im Sommer 1709 waren über 13.000 Menschen aus Südwestdeutschland und der Schweiz am Stadtrand von London in eilends errichteten Zeltlagern gestrandet. Sie hofften, von der britischen Königin Anne die Schiffspassage und reichlich Land in Amerika geschenkt zu bekommen. Das hatte der aus Fachsenfeld bei Aalen stammende Geistliche Josua Harrsch, genannt Kocherthal, in seinem Bestseller „Bericht von der berühmten Landschafft Carolina“ behauptet. Anfangs schlug den „Pfälzern“, wie sich die diverse Gruppe bald nannte, große Sympathie entgegen (Knittle 1965, 66-19). Eine Spendenkampagne erbrachte fast 20.000 Pfund und Wagenladungen voll Kleider. Aber bald kippte die Stimmung, die „Palatines“ wurden als Lumpenpack beschimpft, es kam zu gewaltsamen Übergriffen. Die Regierung wollte sie loswerden. Rund 3.000 wurden nach Irland verbracht, 600 nach Carolina, 2.000 Katholiken mussten zurück. Schließlich entwickelte der Gouverneur der Kolonie New York, Robert Hunter, einen genialen Plan. Warum nicht die Deutschen als Vertragsarbeiter am Hudson River ansiedeln, um für die britische Navy Harz zur Abdichtung der Schiffe herzustellen? So kamen rund 2.400 „Palatines“ im Frühjahr 1710 nach New York (Otterness 2004, 68ff.). Unter ihnen war auch der 14-jährige Conrad Weiser mit seinem Vater Hans Conrad, sieben Geschwistern und fünf weiteren Familien aus Großaspach (Knittle 1965, 274). Jahre später nannte Weiser jun. Gründe für ihre Auswanderung: „Nachdem wir meistens in dieses Land um Friede und Sicherheit willen geflüchtet sind, und Theils [um] unser Stück Brod leichter zu gewinnen als in Teutschland.“ (Weisser 1996, 25)
Weiser sen. hatte als Soldat die Schrecken des Pfälzischen Erbfolgekriegs erlebt, sein Haus in Großaspach war 1693 von den Franzosen zerstört worden.
Frieden fanden die Siedler zunächst. Doch das amerikanische Brot war schwerer zu gewinnen. Hunters Businessplan stellte sich rasch als Desaster heraus. Die Siedler hatten keine Ahnung von Harzgewinnung, und die Bäume waren dafür ohnehin ungeeignet. Vor allem der erste Winter war so hart, dass sich Weiser sen. entschloss, seinen ältesten Sohn bei benachbarten Mohawk in Kost zu geben. Als einer der ganz wenigen Weißen seiner Zeit lernte dieser hier nicht nur die Sprache der Mohawk, sondern auch ihre Art, Politik zu machen. Mohawk, Seneca, Cayuga, Onondaga, Oneida und Tuscarora bildeten den Bund der Ho-de-no-sau-nee-ga (Bewohner von Langhäusern), von den Briten Six Nations, von den Franzosen Iroquois genannt. Nach innen demokratisch verfasst mit den Onondaga als „Hütern des Feuers“ und Beschützern der „Wampums“ (Muschelschnüre, die Verträge dokumentierten), hatten die Six Nations durch Krieg und Diplomatie nicht nur die Vorherrschaft unter den Indigenen Amerikas an der Nordostküste erlangt, sondern wurden auch von den rivalisierenden Kolonialmächten Frankreich und England als Machtfaktor ernstgenommen. In den 1730er Jahren suchten die Six Nations ihre Machtbasis nach Süden zu erweitern

Anna Arndt nach Valentin Haidt: Conrad Weiser als Dolmetscher, 1899
UNITÄTSARCHIV HERRNHUT

und schickten den Oneida Swatane (besser bekannt unter dem von den Lenape geprägten Namen Shikellamy) als ihren Interessenvertreter in die Gegend des heutigen Sunbury, PA. Conrad Weiser jun. war 1729 ebenfalls nach Pennsylvania gezogen, in die Nähe von anderen rebellischen „Palatines“, die nach Konflikten mit Hunter New York endgültig verlassen und sich in der Gegend des heutigen Womelsdorf niedergelassen hatten. Pennsylvania gehörte den teils in England lebenden Erben von William Penn. Sie waren Quaker, die ein friedliches Zusammenleben aller Bewohner des Landes anstrebten, aber durch Pelzhandel und Förderung der Kolonisation mit ihrem fernen Besitz auch Geld verdienen wollten. Gouverneur James Logan suchte Kontakt mit den einflussreichen Six Nations.

Zum ersten Treffen 1732 brachte Shikellamy einen Dolmetscher mit: Conrad Weiser. Bis 1758 sollte Weiser in zahllosen Missionen versuchen, den fragilen Frieden zwischen europäischen Siedlern und Indigenen Amerikas zu wahren und gleichzeitig die Interessen der Six Nations und der Briten gegen andere Indigene Nationen und Franzosen durchzusetzen. Im tiefsten Winter reiste er, teils zu Fuß durch eisiges Wasser und tiefen Schnee, die 800 Meilen zu den Onondaga, um Botschaften der Gouverneure von Virginia und Pennsylvania zu übermitteln. Er war beteiligt am berüchtigten „Walking Purchase“, mit dem die Penn-Brüder die Lenape letztlich um Land betrogen. Zwischen 1756 und 1758 vermittelte er in den Konferenzen von Easton Frieden zwischen den Six Nations und den Lenape, der Höhepunkt seiner Karriere als „Indian ambassador“ (Wallace 1945, 520ff.). Dabei half, dass er als in Deutschland Geborener keiner der Parteien angehörte.

Aber Weiser war nicht nur Vermittler zwischen weißen Kolonisatoren und Indigenen Amerikas. Er war an der Gründung von Reading beteiligt und Friedensrichter in der Gegend um Womelsdorf. 1742 begleitete er den Herrnhuter Theologen Nikolaus Ludwig Graf Zinzendorf auf seiner Missionsreise durch Pennsylvania. Zinzendorf träumte von einem Gottesstaat in Amerika. Auch Weiser war religiöse Schwärmerei nicht fremd. Eine Weile hatte er in Conrad Beissels Ephrata-Kloster gelebt, war dann aber zu den Lutheranern zurückgekehrt. Seine Tochter Anna Magdalena heiratete den berühmten Pastor Heinrich Melchior Mühlenberg. Zu seinen Enkeln zählen die Pfarrer und Kongressabgeordneten Peter und Frederick Mühlenberg und der Botaniker Gottlieb Mühlenberg. FD

RATGEBERLITERATUR

Flugblätter, Bücher und Erzählungen von Amerikarückkehrern, sogenannten „Neuländern“, verstärkten bei unzufriedenen Europäer*innen den Wunsch auszuwandern. So wurde der „Bericht über Carolina“ des Fachsenfelder Pfarrers Josua Harrsch (gen. Kocherthal) ein Bestseller; 1709 erschien die vierte Auflage. Er versprach üppige Landgeschenke in Carolina. Viele „Palatines“ erzählten, dieses Buch habe sie zur Auswanderung motiviert. Auch die Weisers dürften es gekannt haben.

Hätte Conrad Weiser im Netz vor falschen Ratgebern gewarnt?

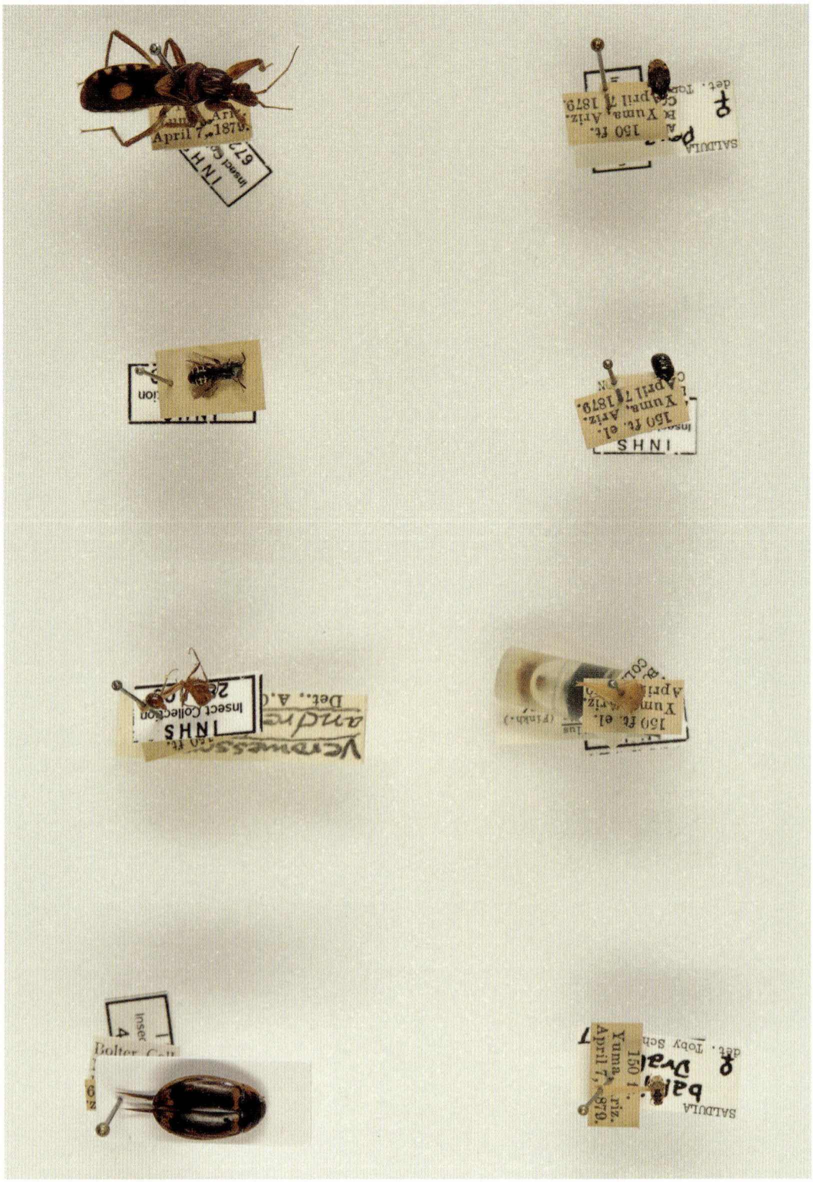

Ausbeute eines einzigen Tages, gesammelt am 07.04.1879
ILLINOIS NATURAL HISTORY SURVEY, CHAMPAIGN

ANDREAS BOLTER

GEBOREN AM
15.05.1820
IN SIGMARINGEN,
FÜRSTENTUM HOHENZOLLERN-SIGMARINGEN

AUSREISE IN DIE USA VON LE HAVRE
1854
AUF DEM SEGELSCHIFF „CONNECTICUT"

VERSTORBEN AM
17.03.1900
IN CHICAGO, ILLINOIS

Eisen und Chitin

Etwa 120.000 der über 7 Millionen Exemplare in der Insektensammlung der Universität Illinois (seit 1948 Illinois Natural History Survey) stammen von einem Schmied aus Sigmaringen, Andreas Bolter. In ihrem Nachruf würdigte die New York Times ihn als bedeutenden Entomologen: „Von Jugend an bis kurz vor seinem Tod [...] nutzte Mr. Bolter jede freie Stunde für das Sammeln von Insekten. Seine Sammlung von Käfern, Schmetterlingen und unzähligen anderen Insekten zählt zu den schönsten auf dem Kontinent und ist weltweit eine der vollständigsten Privatsammlungen." (NYT, 19.03.1900, 2)
Bolter scheint kein mitteilungsfreudiger Mann gewesen zu sein. In der Entomologie verstand er sich als Sammler, nicht als Wissenschaftler. Er war Mitglied der Chicago Academy of Sciences und zahlreicher entomologischer Gesellschaften und stand so in regem Austausch mit den führenden Wissenschaftlern seiner Zeit, doch selbst publizierte er nichts. Die hohe Wertschätzung, die ihm die Fachwelt entgegenbrachte, zeigt sich unter anderem darin, dass 15 neuentdeckte Arten nach ihm benannt wurden. Bolter war ein enzyklopädischer Sammler und wollte von möglichst vielen Arten mindestens ein Exemplar besitzen. Die meisten kaufte oder tauschte er, doch zog er auch selbst los und sammelte, so zum Beispiel im Frühjahr 1879. Am 7. April war er in Yuma, Arizona, wo er eine Biene, einen Zwergwasserläufer, einen Black Bug, eine Buckelzirpe, zwei Strandkäfer,

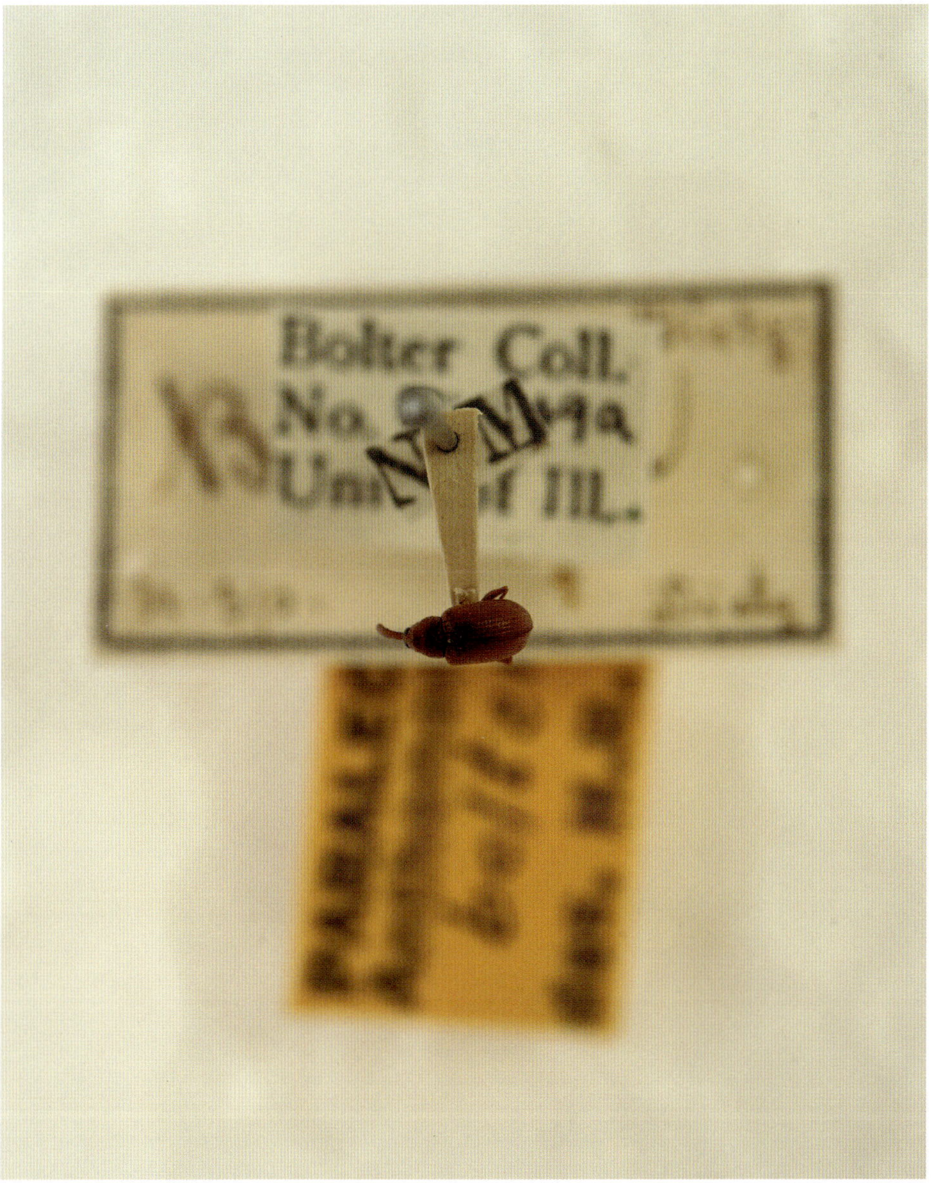

Nach Bolter benannter Käfer Anthonomus bolteri, nach 1875
ILLINOIS NATURAL HISTORY SURVEY, CHAMPAIGN

einen westlichen Korsar, einen Tauchkäfer und eine Ameise in sein mit Spiritus gefülltes Sammelglas stecken konnte (Mitteilung von Tommy McElrath, Illinois Natural History Survey).
Bis Mitte Mai reiste er durch Kalifornien, wo er seine Sammlung durch Tauchkäfer, Schwimmkäfer und Zwergkäfer bereicherte. Der Rückweg erbrachte Käfer aus Utah und Colorado. Zuhause präparierte er die teils nur millimetergroßen Tierchen, befestigte sie mit Stecknadeln auf Spannbrettern und versah sie mit gestochen schön geschriebenen Etiketten (Zinck 1881, 6).
Alltags hatte er es mit massivem Eisen zu tun. 1856 war die Familie Bolter von New York nach Chicago gezogen, wo Andrew Bolter nach wenigen Monaten seine eigene kleine Eisenwarenhandlung eröffnete. Er profitierte von der rasch wachsenden Eisenindustrie Chicagos und produzierte bald in großem Stil Schmiedeeisen beispielsweise für Geländer, Türen, Bettgestelle, aber auch Safes oder Eisengewölbe. 1871 brannte das Werk im Großen Feuer von Chicago vollkommen aus, und auch die bis dahin zusammengetragene Insektensammlung wurde vermutlich ein Raub der Flammen. Bolter ließ sich nicht entmutigen und baute seine Illinois Iron Works sofort wieder auf. Schon nach zwei Tagen hatte er ein Provisorium eröffnet. Dankmar Adler vom berühmten Architekturbüro Adler & Sullivan beauftragte Bolter 1871 mit den Eisenarbeiten für das First National Bank Building; seine kunstvollen Eisengüsse zierten das Cook County Courthouse, die Bemis and McAvoy Co. Brewery, das St. Luke's Hospital, die Chicago Gas Light & Coke Company und das Staatszeitungsgebäude.
Nichts davon ist erhalten (Alberts 2013). Nur die Käfer zeugen noch von Bolter. Testamentarisch verfügte er, dass sie besonders feuersicher bewahrt werden müssen.
In seiner ersten Heimat ist Bolter nahezu vergessen. Sein Vater Thomas besaß eine kleine Eisenfabrik in Sigmaringen, in der sein Sohn ab seinem 13. Lebensjahr mitarbeitete. 1848 unterstützte Andreas Bolter den Republikaner Karl Otto Würth, im Juni 1849 unterzeichnete er einen Beschluss, sich an der badisch-pfälzischen Revolution zu beteiligen. Vermutlich deshalb musste er untertauchen, als Sigmaringen am 6. April 1850 von Preußen in Besitz genommen wurde (Gönner 1951, 188). Wo und wovon er und seine Familie lebten, bis sie sich im Sommer 1854 auf der „Connecticut" nach New York einschifften, ist unklar. Über seine Auswanderungsgründe lässt sich nur spekulieren. Die Illinois Staats-Zeitung berichtete ihrem Nachruf am 19. März 1990, dass Bolter als Revolutionär nicht direkt politisch verfolgt, aber wirtschaftlich ruiniert worden sei. FD

KARL HERZOG

GEBOREN AM
24.10.1819
IN STUTTGART, KÖNIGREICH WÜRTTEMBERG

AUSREISE IN DIE USA
1848
AUF DEM SEGELSCHIFF „ANNA"
VON BREMERHAVEN

ANKUNFT NACH
9 Wochen
IN NEW YORK

VERSTORBEN NACH
1862

Soldat des Kolonialismus

„Ich glaube hier gefunden zu haben, was ich so sehnlich gewünscht, Freiheit. Hier darf man doch noch seine Herzensmeinung sagen, denn es sitzt nicht in jedem Winkel ein Polizei=Spion. Von diesen Hallunken bin ich, Gott sei Dank, erlöst, welche mich aus meiner ganzen Existenz gerissen und mich 14 Wochen in Ketten und Banden schlugen im ‚Namen des Königs'", schrieb Karl Herzog an seine Familie am 1. April 1849. Es war der zweite von insgesamt zehn Briefen, die er zwischen 1848 und 1861 aus Amerika an seine Familie in Stuttgart abschickte. Diese wurden 1994 von seinem Urgroßneffen Bert Heinrich in einem alten Koffer entdeckt. Die Briefe und die anschließende Familienforschung offenbaren ein höchst abenteuerliches Leben, das aber gleichzeitig auch viel von den Schicksalen der weniger außergewöhnlichen Migrannt*innen erzählt.
Am 3. Mai 1847 geriet der 27 Jahre alte Schriftsetzer Karl Herzog in die Stuttgarter Hungerkrawalle. Obwohl seine Tatbeteiligung ungeklärt blieb, musste er für 14 Wochen ins Gefängnis. Nach der Entlassung stand sein Entschluss zur Auswanderung fest. Anfang November schiffte er sich in Bremen auf der „Anna" ein, nach einer stürmischen Überfahrt kam er am 8. Januar 1848 im Hafen von New York an. Sechs Monate nach seiner Ankunft schilderte Herzog in seinem ersten Brief an die in Stuttgart zurückgebliebenen Eltern den schwierigen Neuanfang in Amerika. New York sei überlaufen von arbeitslosen Einwanderern: „Es thut einem in der Seele weh, wenn man die Masse von Deutschen sieht, welche täglich hier landen." (16. Juli 1848) Er hatte in allen Druckereien vergeblich nach Arbeit gesucht und war trotz seiner Einberufung in die Armee im Mexikanisch-Amerikanischen Krieg nicht zum Einsatz gekommen. „Jetzt habe ich im Sinne nach den westlichen Staaten zu gehen", kündigte er seinen neuerlichen Aufbruch an.
Nach fünf Monaten in der Armee im Jahr 1848 zog Herzog nach Belleville, Illinois, wo sich Friedrich Hecker niedergelassen hatte. Dort fand er schließlich Arbeit als Drucker. Nach einigen Jahren in Belleville beschloss er, sich erneut einem Armeeregiment auf dem Weg nach Kalifornien anzuschließen. In seinem ersten Brief nach vier Jahren schilderte er im Februar 1855 eine Reihe von Abenteuern: Beim Untergang seines Schiffes von New York nach Kalifornien war Herzog am Heiligabend 1853 nur knapp dem Tod entgangen. Als Soldat diente er danach jahrelang im glühendheißen Fort Yuma am Colorado River und begleitete Vermessungsexpeditionen in die Wüste.
Als Herzog 1853 in Kalifornien ankam, hatten die kalifornischen Indigenen die verheerenden Folgen des Kolonialismus durch Spanien, Mexiko und jetzt die USA erlebt. Die einheimische Bevölkerung war zwischen 1769 und 1836 aufgrund von Krankheiten und Ausbeutung ihrer Arbeitskraft durch spanische Missionare nach Schätzungen von 300.000 auf etwa 150.000 zurückgegangen. Obwohl die Indigenen Kaliforniens 1833 von der antiklerikalen mexikanischen Regierung rechtlich von den Missionen befreit worden waren, wurden sie de facto immer noch sowohl von Mexikanern als auch zunehmend von weißen Amerikanern versklavt und brutal behandelt. In einem Brief aus Fort Yuma schrieb Herzog an seine Familie:

„Die Indianer hier haben überhaupt ein erbärmliches Leben; ihre Nahrung besteht aus den Bohnen, einer Art Akazien, wo sie Mehl daraus bereiten, aus Kürbissen und Melonen. Die Akazien wachsen wild in Masse, Melonen und Kürbisse können sie aber blos pflanzen, wenn der Colorado Fluß hoch wird und wenn dies nicht geschieht, so entsteht Mangel und Hunger. So lange sie noch etwas zu nagen haben sind sie ruhig, entsteht aber Hungersnoth unter ihnen, dann belagern sie unser Fort und verlangen Lebensmittel, welche ihnen auch in reichem Maße gegeben werden; überhaupt wird von der Regierung darauf gesehen, sie freundlich zu erhalten und sie so viel als möglich der Civilisation nahe zu bringen." (30. Juni 1857)

Als Soldat der US-Armee war Herzog Akteur des kolonialen Vorstoßes der USA nach Westen. Im Mexikanisch-Amerikanischen Krieg (1846-1848) hatten die USA Land von Mexiko erobert, das heute die Bundesstaaten Arizona, Utah, Nevada und Kalifornien umfasst. Sie setzten ihren Machtanspruch auch gewaltsam gegenüber den Indigenen durch. Herzog beschrieb in einem seiner Briefe die Niederlage der Paiute Anfang Juni 1860 am Pyramid Lake im heutigen Nevada.

79 Weiße und 25 Indigene kamen im Paiute-Krieg ums Leben. Den zehnten und letzten Brief an die Stuttgarter Familie schickte Herzog am 7. November 1861 von der Festungsinsel Alcatraz vor San Francisco, kurz bevor seine Kompanie in den Bürgerkrieg geschickt wurde. Erst 150 Jahre später wurde durch sorgfältige Familienforschung herausgefunden, dass Herzog im Mai 1862 nach einem tagelangen Gewaltmarsch durch die Wüste von seiner Truppe desertiert war. Was danach aus ihm wurde, ist unbekannt. CZM

Transkript: Brief, Karl Herzog, Fort Alcatraz, San Francisco Harbor 26. Dezember 1860, Liebe Vater und Geschwister!

„Wir waren den ganzen Sommer über auf einem Kriegszuge gegen die Pa-Utah Indianer und erst seit 4 Wochen wieder an unserem alten Platze. Am 14. Mai erhielten wir plötzlich Befehl uns marschfertig zu machen, da die Indianer die Ansiedler im Carson Thale überfielen und mordeten. Zwei Stunden nachdem wir Befehl erhielten, waren wir auch schon an Bord eines Dampfbootes nach Sacramento, wo wir auf die Eisenbahn kamen bis nach Folsom. Von hier ging es mit Pferden und Maultieren über die Sierra Nevada Gebirge, was kein Spazierritt war, denn wir hatten 5 Tage lang manchmal 4 bis 5 Fuß [rd. 1,2 - 1,5 m] tiefen Schnee zu passieren. Nach einem Marsche von 7 Tagen kamen wir im Carson Thale an. Hier warteten wir einige Tage auf Verstärkung. Da die Nachricht kam, daß 1500 wohl bewaffnete Indianer sich am Pyramid-See versammelt hatten, so war die größte Eile nötig und wir marschierten sogleich nach dem Platze ab. Am 2. Juni waren wir noch 10 Meilen von den Indianern entfernt und wollten gerade unser Lager aufschlagen, als einige Schüsse fielen, aber kein Indianer war zu sehen. Eine Compagnie von 40 Mann war nämlich ausgesandt und wurde von den Indianern zurückgetrieben. Noch ehe aber 10 Minuten vergingen, war unsere Compagnie in Reih und Glied und hinaus gings ohne lang auf ein weiteres Kommando zu warten. Wir hatten aber kein günstiges Terrain für einen Angriff, da die Indianer die Berge besetzt hatten und hinter Felsen und Steinhaufen auf uns feuerten, ohne daß wir ihnen Schaden thun konnten. Als sie uns anrücken sahen, erhoben sie ein fürchterliches Geschrei und tanzten wüthend herum. Nun ging es an ein Feuern von beiden Seiten und wir mußten die Berge erstürmen und die Indianer aus ihren Verstecken vertreiben. Nach einem dreistündigen Gefecht hatten wir die Berge erstürmt und die Indianer vertrieben. Es ging mir aber beinahe ums Leben, denn eine Kugel ging mir ober dem rechten Ohre durch die Haare ohne mich zu verletzen. Ich war im Augenblick so bestürzt, daß ich keine Patrone finden konnte. Da war aber kein Zurückgehen: Vorwärts! hieß es. Wir hatten 3 Verwundete an unserer Seite und den Pferden nach zu schließen, welche reiterlos herum rannten, waren ungefähr 30 Indianer getödtet. Am andern Tage brachen wir nach Pyramid-See auf, wo wir sicher ein anderes Gefecht erwarteten, als wir aber ankamen, war kein Indianer zu sehen; sie waren mit Weib und Kindern geflüchtet. Wir lagen hier 6 Wochen und warfen Verschanzungen auf, um gegen etwaige überfälle gesichert zu sein; da aber keine Spur mehr von Indianern zu sehen war, so marschierten wir am 14. Juli nach Carson Valley ab wo wir einen festen Militärposten errichten mußten, um das Vordringen der Indianer für immer zu verhüten und die Einwanderer von den Staaten zu beschützen.“

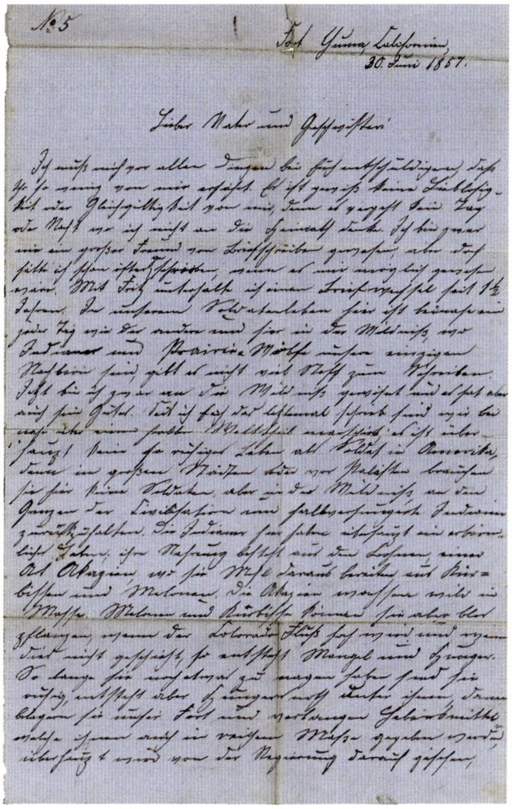

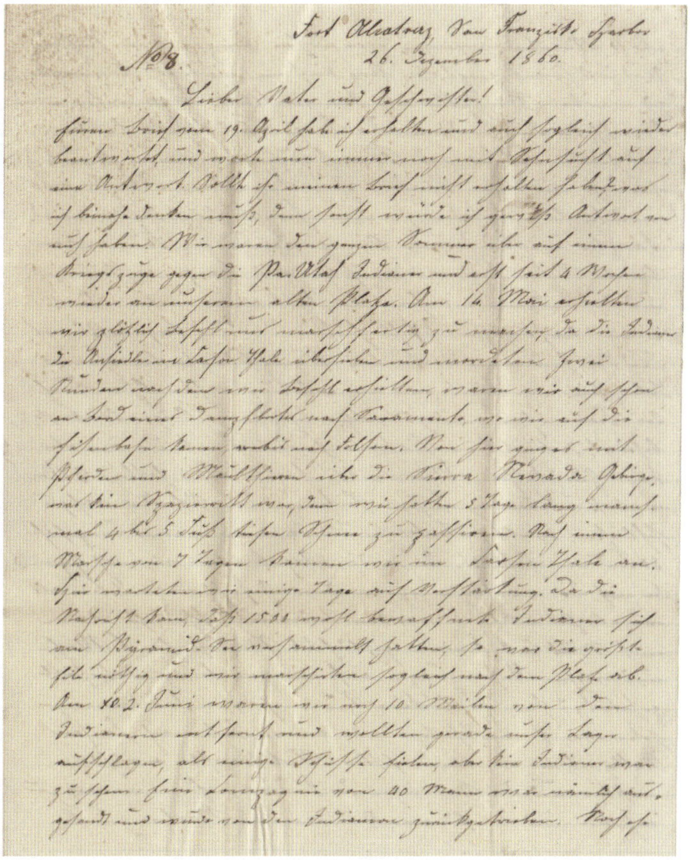

Briefe von Karl Herzog an seine Familie, 30.06.1857; 26.12.1860
HAUS DER GESCHICHTE BADEN-WÜRTTEMBERG

DAS GELOBTE LAND

Die biblische Geschichte vom Exodus des Volkes Israel in das von Gott versprochene Land Kanaan ist einer der wirkmächtigsten Migrationsmythen.

Im 17. Jahrhundert deuteten die Puritaner und Pilgerväter aus England die Auswanderung nach Amerika als göttlichen Auftrag zur Erneuerung des christlichen Glaubens. Dadurch fühlten sie sich berechtigt, den in ihren Augen „unzivilisierten“ Indigenen Amerikas das Land wegzunehmen. Dieser Glaube, das von Gott für eine besondere Mission erwählte Volk zu sein, begründete den „American Exceptionalism“, die Vorstellung, dass die USA allen anderen Nationen überlegen seien (Paul 2014, 15).

1681 erhielt der Quäker William Penn als Gläubiger der englischen Krone von König Charles II. Land in der „Neuen Welt“ geschenkt. Er gründete dort Penn-Sylvania, „Penns Waldland“, als „Heiliges Experiment“. Seine Kolonie sollte ein Zufluchtsort für verfolgte Glaubensbrüder und -schwestern werden. Aktiv warb er unter Europas Glaubensabweichlern um Siedler*innen. In Südwestdeutschland stieß er auf offene Ohren. Um 1700 grassierten dort apokalyptische Endzeiterwartungen. Prophet*innen wie das Ehepaar Petersen aus Frankfurt, der Bietigheimer Vikar Johann Jakob Zimmermann oder Täufer in Schwarzenau glaubten, die Zeitenwende sei nah. Die Auswanderung in die „Wildnis“ Amerika werde zur Verbreitung des Christentums und zur Vorbereitung des tausendjährigen Friedensreichs Christi dienen (Deppermann 1984, 205-209).
Von den rund 111.000 Deutschen, die zwischen 1683 und 1775 in das Gebiet der heutigen USA auswanderten, gehörten rund 10 Prozent religiösen Minderheiten wie Mennoniten und Amischen, Reformierten, Schwenkfeldern, Herrnhutern oder Täufern an, rund 90 Prozent waren Lutheraner (Ames 2020, 32ff.). Die Auswanderung nach Amerika als „gelobtes Land“ wWar also zunächst ein protestantisches Projekt. Katholiken kannten keinen derartigen Separatismus. Einige wenige wanderten vor allem in französische Kolonien aus, aber nicht aus religiösen Gründen. Erst zwischen 1830 und 1860 stieg der Anteil der Katholiken in den USA stetig von rund 5 Prozent auf 14 Prozent, vor allem wegen der Zuwanderung von Iren, denen aber tiefsitzende Ressentiments der Mehrheitsgesellschaft entgegenschlugen (Hochgeschwender 2006, 52f.). 1834 fackelte ein protestantischer Mob ein Ursulinenkloster in Massachusetts ab. Vor allem aus Bayern erhielt die katholische Diaspora Unterstützung mit dem Ludwig-Missions-Verein. Nach Amerika auszuwandern war für überzeugte Katholiken eher eine Aufgabe, eine mühsame Sendung, denn die Erfüllung eines Traums.

Die Exodus-Erzählung ist als alttestamentarischer Mythos auch für Juden bedeutsam. Doch die rund 100.000 Juden, die zwischen 1820 und 1880 aus Mitteleuropa nach Nordamerika auswanderten, kamen ganz überwiegend aus wirtschaftlichen Gründen (Brinkmann 2012, 12f.). 1825 planten zwei Brüder in New York, Manassah und Mordecai Noah, eine jüdische Heimstatt auf amerikanischem Boden zu errichten und erwogen kurz, den Rappisten New Harmony abzukaufen (Arndt 1965, 292). Doch der Plan zerschlug sich. Zum „Promised Land“ (so der Titel der 1912 erschienenen Autobiographie der in Weißrussland geborenen Mary Antin) wurden die USA erst Ende des 19. Jahrhunderts für Jüdinnen und Juden, die vor Pogromen aus Osteuropa fliehen mussten.
Das erste Schiff mit versklavten Afrikaner*innen landete 1619, noch vor den Puritanern, an der amerikanischen Küste. Für die aus Afrika Verschleppten begann ein Martyrium, „gelobtes Land“ war Amerika nur für Weiße. Doch aus dem Christentum, und vor allem auch aus dem Exodus-Mythos, bezogen Sklav*innen später Kraft, in die Nordstaaten zu fliehen. „Let my People go“ im Spiritual meint auch die Hoffnung auf Freiheit im Norden der USA. Im April 1968 versprach Martin Luther King in seiner allerletzten Rede vor seiner Ermordung: „I want you to know tonight that we as a people will get to the Promised Land“ (Ich möchte, dass ihr heute wisst: Wir als Volk werden ins Gelobte Land kommen; zit. nach Paul 2014, 171). FD

Dorothea Lange: Gospel Bus, Kern County, California, 1938
LIBRARY OF CONGRESS, WASHINGTON, D.C.

Turteltauben unter strengem Regiment

CONRAD BEISSEL

GEBOREN AM
01.03.1691
IN EBERBACH, KURPFALZ

AUSREISE IN DIE BRITISCHEN KOLONIEN
1720
AUF DEM SEGELSCHIFF „ELIZABETH UND HANNAH“

VERSTORBEN AM
06.07.1768
IN EPHRATA, PENNSYLVANIA

„Gleich wie dann gewiß, daß alle Fleisch-Speisen […] uns allerdings ganz unbequaem machen, und thun schlecht hin einem nach der stillen Ewigkeit wallenden Pilger […]. Worzu inzwischen noch kommen die Tractamenten, die wir von dem Vieh mit viel Unrecht an uns bringen, als da ist: Milch macht schwer und eng: Kaeß macht feurig und hitzig und begierig zu noch andern und unerlaubten Dingen: Butter macht faul und schwer / und dabey allzu satt und wol.“ (Ephrata 1747, o. S.)
Diese Vorrede zum Hymnenbuch „Das Gesäng der einsamen und verlassenen Turtel-Taube“ aus dem Jahr 1747 gilt als eine der frühesten Streitschriften für vegane Ernährung. Verfasst wurde sie im Kloster Ephrata in Pennsylvania, das Conrad Beissel, ein radikalpietistischer Bäckergeselle aus Eberbach bei Heidelberg, gegründet hatte. Die religiösen Praktiken wie nur eine karge Mahlzeit täglich oder nur sechs Stunden Schlaf auf einer schmalen Eckbank mit einem hölzernen Kopfkissen erscheinen uns heute als Qual. Die Brüder und Schwestern in Ephrata aber opferten freudig irdisches Wohlbefinden in der Hoffnung auf das ewige Paradies (Fox, Homol, 1).
Früh verwaist kam Beissel bei seinem Lehrherrn in Heidelberg mit dem Radikalpietismus in Verbindung und geriet dadurch in Konflikt mit der konservativen Zunft und dem katholischen Kurfürsten. Um 1718 wurde er ausgewiesen. Zusammen mit einigen Gleichgesinnten fuhr er 1720 über Boston nach Philadelphia, geleitet von der Überzeugung, dass sich die Sonne in Europa verfinstert habe, während „Amerika eine blühende Lilie ist, deren Duft sich unter den Heiden verbreitet“ (5. Brief, zit. nach Hark 1889, 13). In Pennsylvania führte Beissel ab 1724 eine kleine Gruppe von radikalen Separatisten an, die religiöse Praktiken der Siebenten-Tags-Baptisten wie die Erwachsenentaufe durch Untertauchen oder die Heiligung des Samstags übernahm. Mit seinen mystischen Prophezeiungen, einem betörenden Mix aus empfindsamem Entzücken und harter Buße, traf er auf eine weit verbreitete Erlösungssehnsucht (Bach 2003, 5). 1732 zog er sich als Einsiedler an den Cocalico Creek zurück. Bald folgten ihm Scharen von Anhänger*innen, die teils zölibatär als „Brüder“ und „Schwestern“, teils als Familien, sogenannte „Householder“, mit ihm leben wollten. 1735 zog auch Conrad Weiser als „Bruder Enoch“ für eine Weile in das Beissel'sche Kloster, das 1736 den alttestamentarischen Namen Ephrata erhielt. In den 1740er Jahren entwickelte sich Ephrata zum Zufluchtsort für über 300 am Leben in den Kolonien verzweifelnde Deutsche. In rascher Folge errichteten die Siedler*innen Einzelhäuser, einen Gebetssaal, ein Schwesternhaus und ein Brüderhaus. Die Wände behängten sie mit Plakaten voller kalligraphischer Sinnsprüche, die Beissels mystische Gedanken verbildlichten. Zur rascheren Verbreitung des Worts schaffte sich das Kloster 1742 eine der ersten Buchpressen in Pennsylvania an.

Musikhandschrift aus Ephrata, um 1745
AMERICAN FOLK ART MUSEUM, NEW YORK

Modell von Schwesternhaus und Gebetshaus in Ephrata, um 1939
PENNSYLVANIA HISTORICAL & MUSEUM COMMISSION, HISTORIC EPHRATA CLOISTER, EPHRATA

Zentrales Element auf dem Weg zur mystischen Vereinigung mit Gott war neben der körperlichen Askese der Gesang. Die Brüder und Schwestern komponierten Melodien zu bekannten oder von Beissel gedichteten Hymnen, malten mit Hingabe Notenhandschriften und verzierten sie mit symbolträchtigen Initialen wie Rosen, Lilien, Sonnenblumen oder Turteltauben, welche die treue Liebe Christi zu seinen Anhängern versinnbildlichten. Einige dieser Handschriften sind signiert, beispielsweise mit „Foeben". Schwester Phoebe (1717-1784), mit bürgerlichem Namen Christiane Lässle, war mit ihren Eltern Peter und Anna Katharina Lässle vor 1734 aus Essingen nach Amerika ausgewandert. Sister Foeben (Phoebe) zählt demnach mit ihren Mitschwestern Sister Ketura (Catherine Hagemann) und Sister Hanna (Hannah Lichty) zu den ersten Komponistinnen in Amerika (Herbert 2019, 217).
Nach Beissels Tod 1768 bröckelte der Zusammenhalt. Nach dem Tod des letzten zölibatär lebenden Mitglieds 1813 schlossen sich die verbliebenen Gemeindemitglieder den Siebenten-Tags-Baptisten an. Das Bruderhaus wurde 1908 abgerissen. Heute bilden die erhaltenen Gebäude in Ephrata ein Freilichtmuseum. Modelle, die im Rahmen des New Deal zwischen 1935 und 1943 als Arbeitsbeschaffungsmaßnahme für Künstler*innen gebastelt wurden, vermitteln einen Eindruck der Klosteranlage. FD

Hölzernes Kopfkissen aus Ephrata, um 1740
PENNSYLVANIA HISTORICAL & MUSEUM COMMISSION, HISTORIC EPHRATA CLOISTER, EPHRATA

Geschäftstüchtiger Endzeitprophet

„Auf Brüder es ist da, die Zeit daß wir abreissen / nach Nord America, in das gelobte Land / darum auf, seyd nur getrost und unverzagt / verweilet nicht und stärket euren Muth in Gott / es kommt jetzt bald die beßre Zeit, wo man euch nicht mehr plagt." (Arndt 1980, 442) Mit diesem Lied auf den Lippen machten sich rund 700 Menschen aus Nordwürttemberg ab Frühjahr 1804 auf den Weg nach Philadelphia. Sie folgten ihrem Propheten Georg Rapp, einem charismatischen Leinenweber, der bereits seit Mitte 1803 in Amerika vorsondierte. Vorausgegangen war ein Vierteljahrhundert zunehmender Spannungen zwischen Staat bzw. evangelischer Kirche und den immer radikaler werdenden Pietisten um Rapp. In der Erwartung der baldigen Wiederkehr Christi wollten sie ein urchristlich frommes Leben führen und lehnten verkrustete Rituale, aber auch Kriegsdienst, strikt ab. Gleich dem „Sonnenweib" der biblischen Apokalypse (Offb. 12) hofften sie, durch den Auszug in die Wildnis dem tausendjährigen Friedensreich den Weg zu bereiten.
Im Westen Pennsylvanias errichteten die Separatisten unter

GEORG RAPP

GEBOREN AM
01.11.1757
IN IPTINGEN, HERZOGTUM WÜRTTEMBERG

AUSREISE IN DIE USA
1803
AUF DEM SEGELSCHIFF „CANTON"

VERSTORBEN AM
07.08.1847
IN ECONOMY (HEUTE AMBRIDGE), PENNSYLVANIA

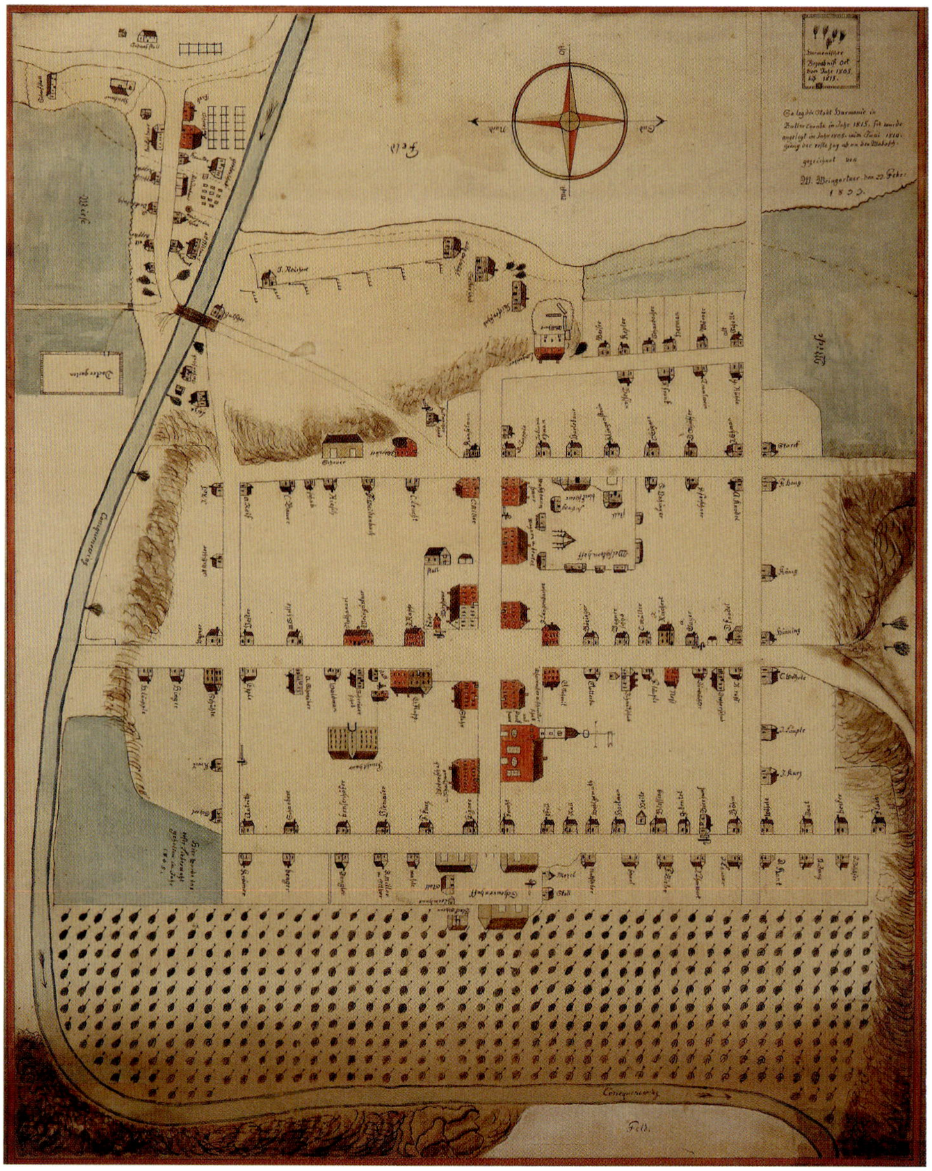

Wallrath Weingärtner: Stadtplan von Harmony in Pennsylvania, 1833
PENNSYLVANIA HISTORICAL & MUSEUM COMMISSION, OLD ECONOMY VILLAGE

großen Mühen das Städtchen Harmony. Im Gesellschaftsvertrag vom 15. Februar 1805 gelobten sie Rapp Gehorsam; er versprach, „einen jeden ins besondere mit allen Nothwendigkeiten des Lebens zu versehen, als: Wohnung, Speiße, Trank, Kleidung u.s.f.", und als ihr geistiger Führer zu wirken (Arndt 1965, 75). Alles sollte „gleich und gemein sein", Privatbesitz oder Lohn gab es nicht. Unter dem tatkräftigen Management des Adoptivsohns von Georg Rapp, Friedrich (Reichert) Rapp (1775-1834), produzierten die Harmonisten bald auch für den Verkauf. Doch nach zehn Jahren zogen sie weiter nach Indiana, wo sie ein neues Harmony errichteten. Zum einen imitierte Rapp damit die mehrstufige Wanderung des apokalyptischen Sonnenweibs in der Hoffnung, sich so der Wiederkehr Christi würdig zu erweisen. Zum anderen war das Klima in Pennsylvania zu rau vor allem für den Weinbau gewesen. (New) Harmony galt bald als „Wonder of the West". Wirtschaftsexperten besichtigten die Stadt und schwärmten von der gelungenen Verbindung von Landwirtschaft und Industrie in freundlich schwäbischer Atmosphäre. Es gab Mühlen, eine Dampfmaschine, Brauerei und Kellerei und zahlreiche Werkstätten. Die Siedler*innen verkauften Weizen, Mais, Hafer, Hopfen, Hanf, Roggen, Gerste, Leinsamen, Flachs, Butter, Honig, Eier, Wachs, Pferde, Schafe, Gänse, Rinder, Schweine, Schindeln, Tabak, Käse, Hirschhäute und Pferdehäute, Pelze von Waschbär, Otter, Moschusratte, Biber und Nerz, Kaninchen, Wild, Schmalz, Talg, Stachelschweinborsten, Federn, Bürsten, Speck, Garn, Pech, Puder, Stoffe, Taschen, Körbe, Grassamen, Wolle, Zucker, Apfelwein, Äpfel und Möbel (Arndt 1965, 207). Friedrich Rapp wurde Abgeordneter der Verfassunggebenden Versammlung von Indiana. 1823 lieh sich der Staat 5.000 Dollar von der Bank der Harmonisten. Doch nach zehn Jahren trieb Rapp die widerstrebenden Siedler*innen noch einmal weiter. Der schottische Sozialreformer Robert Owen kaufte New Harmony, und die Harmonisten siedelten sich 1824 im äußersten Westen Pennsylvanias an. Economy nannten sie die neue Stadt am Ohio, nach der Weisheit der göttlichen Ökonomie. Und wieder gedieh das Siedlungsprojekt prächtig. 1827 führte Georg Rapps Enkelin Gertrude die Seidenproduktion ein. In den 1830er Jahren spannen über 500.000 aus Frankreich importierte Seidenraupen Amerikas feinste Seide. Der Gemeindeschatz wuchs und wuchs. Die Siedler*innen lebten weiter bescheiden, doch die Familie Rapp gönnte sich ein gutbürgerliches Ambiente. Das kam nicht bei allen gut an, und als die für 1829 geweissagte Wiederkehr Christi immer noch ausblieb, begann es zu kriseln. Economy schrumpfte. 1832 folgte ein Drittel der Bewohner*innen einem selbsternannten Messias aus Frankfurt nach Louisiana. Auch wenn das Ideal eines zölibatären Lebens nie konsequent von allen gelebt wurde, wurden doch stetig weniger Kinder geboren, und aus Württemberg kamen keine Neuzugänge mehr. Nach Georg Rapps Tod 1847 konzentrierte die Gesellschaft ihr Finanzkonzept stärker auf Investment statt auf Produktion. Nach der formalen Auflösung 1905 übernahm die Pennsylvania Historical and Museum Commission schrittweise Old Economy (Zimmermann 2010, 14). Mit ihrer Kombination von protestantisch-individualistischem Elitebewusstsein und wirtschaftlichem Eifer verkörpern die urschwäbischen Harmonisten eine heute als typisch amerikanisch wahrgenommene Lebenshaltung. FD

Seidenband aus Economy, 1840er Jahre
PENNSYLVANIA HISTORICAL & MUSEUM COMMISSION, OLD ECONOMY VILLAGE

FAST WIE IM FLUG ...

Als die drei Nonnen aus Schwarzach nach Amerika auswanderten, war der Transport mit dem Dampfschiff die Regel. Die Entwicklung dampfbetriebener Schiffe machte transatlantische Reisen schneller, billiger und sicherer. Die Reise dauerte nun durchschnittlich 5 bis 10 Tage. Bis zum Ersten Weltkrieg konnten Dampfschiffe auf einer Fahrt fast 3.000 Passagiere befördern.

#Dampfschiff

Was hätte Schwester Alexia über ihre Reise gepostet?

#FREIZÜGIGKEIT

Wie hätte Georg Rapp Follower gesucht?

DAS RECHT ZU GEHEN

Im Absolutismus wollten Herrscher den Verlust von Untertanen eigentlich vermeiden. Doch in Württemberg garantierte seit 1514 der „Tübinger Vertrag“ zwischen Landesherr und Landständen auch das Recht der Untertanen auf „freien Zug“. Die Auswanderung der Separatisten um Rapp war sogar erwünscht. So konnte man die Unruhestifter loswerden.

Kulturkampfasylantin

Franziska Höll, als Franziskanerin Schwester bzw. Mutter Alexia genannt, ließ sich von Träumen leiten. Wenn sie in Geldnöten war, erschien ihr der Heilige Joseph und versprach Hilfe. Als ihr 1872 Berufsverbot drohte, sah sie sich zusammen mit vielen Ordensleuten auf einem Schiff nach Amerika fahren. Und als sie dort Orientierung suchte, träumte ihr Ratgeber, Pater Gerhard aus Chicago, der Heilige Joseph schicke sie nach Wisconsin (Philippe 1919, 20-23). Noch kurz vor ihrem Tod holte sie die Statue des Heiligen Joseph aus ihrem ersten Einsatzort, Schwarzach, zu sich ins Mutterhaus nach Straßburg-Ruprechtsau.

Die USA waren für Katholiken zunächst nicht das naheliegendste Auswanderungsziel. Die überwiegend protestantisch geprägte Bevölkerung hegte tiefsitzende Vorurteile gegen Katholiken. Doch in Baden war die Atmosphäre vom „Kulturkampf" vergiftet. Die liberale Regierung suchte den Einfluss der katholischen Kirche vor allem im Bildungswesen zurückzudrängen und verbot 1872 Priestern und Ordensmitgliedern den Schuldienst. Die zehn Franziskanerinnen im Waisenhaus von Schwarzach (heute Rheinmünster) waren vor die Wahl gestellt, entweder aus dem Orden auszutreten oder nicht mehr zu lehren. Schwester Alexia, Schwester Alfons (Paulina

FRANZISKA HÖLL UND DIE SCHOOL SISTERS OF ST. FRANCIS

GEBOREN AM
28.02.1838
IN BÜHLERTAL, GROSSHERZOGTUM BADEN

AUSREISE IN DIE USA
1803
AUF DEM DAMPFSCHIFF „KÖLN" VON BREMERHAVEN

ANKUNFT NACH
15 Tagen
IN NEW YORK

VERSTORBEN AM
02.02.1918
IN STRASSBURG, ELSASS-LOTHRINGEN

Von Mutter Alexia gegründete Institutionen, 1874–1895
SCHOOL SISTERS OF ST. FRANCIS, MILWAUKEE UND KONGREGATION DER SCHULSCHWESTERN DES HEILIGEN FRANZISKUS, ERLENBAD

Schmid aus Meßkirch) und Schwester Clara (Helena Seiter aus Steinbach) suchten stattdessen ihr Heil in den USA. Dort hofften sie, neben dem Dienst an Kranken und Waisen Lehrschwestern für die Pfarrschulen der Einwandererpfarreien ausbilden zu können.

St. Josephs Ruf folgten die Schwestern nach Wisconsin, wo es sie zunächst nach New Cassel (heute Campbellsport) verschlug. Mit sieben Cent in der Tasche unterzeichnete Mutter Alexia am 2. Mai 1874 einen Vertrag zur Errichtung einer katholischen Schule, die schon im September über achtzig Schülerinnen aufnahm. Nun entwickelte Mutter Alexia eine frenetische Bautätigkeit. Listig und beharrlich setzte sie ihre Vorstellungen gegen die dominanten Kirchenmänner durch, erfindungsreich begegnete sie den permanenten Finanznöten. Die Kongregation wuchs rasch, da Schwester Alfons ab 1875 beinahe jährliche neue Postulantinnen aus Europa abholte, die in New Cassel zu Lehrerinnen ausgebildet wurden. 1885 gab es schon 114 Profess-Schwestern, 18 Novizinnen und 10 Postulantinnen (Borgia 1974, 88). In New Cassel ließ Mutter Alexia 1874–75 ein dreistöckiges Konventsgebäude errichten. 1884 verlegten die Schwestern ihren Hauptsitz in einen neugebauten Konvent nach Winona, Minnesota. Wegen Konflikten mit dem dortigen Erzbischof zogen die Schwestern zurück nach Wisconsin und errichteten 1887–1888 den St. Joseph's Convent in Milwaukee. Nach einem verheerenden Brand 1890 bauten sie den Konvent noch größer und schöner wieder auf. 1893 ließ Mutter Alexia nach dem Vorbild von Bad Wörishofen das Kurkrankenhaus Sacred Heart Sanitarium errichten.

Doch es gab auch Probleme, wenn Mädchen aus Baden erst in Amerika feststellten, dass sie sich doch nicht zum entbehrungsreichen Klosterleben unter der strengen Ordensregel berufen fühlten. So druckte die Badische Landeszeitung, immer noch im Kulturkampfmodus, am 20. April 1911 Briefe einer traumatisierten Rückkehrerin ab. Es war besser, die Eignung des potentiellen Nachwuchses möglichst schon in Baden zu prüfen. Mutter Alexia erwarb 1895 das Marienbad in Erlenbad bei Sasbach. Die immer noch ordensfeindliche Regierung erlaubte dort jedoch kein Noviziat, weswegen die Erlenbader Franziskanerinnen ihr Mutterhaus zunächst in Luxemburg, ab 1911 in Straßburg errichteten. Erst nach dem Ersten Weltkrieg konnten die Nonnen Mutterhaus und Noviziat der europäischen Provinz ihrer Genossenschaft nach Erlenbad verlegen. 1925–26 erbauten sie dort die imposante Klosteranlage. In Amerika leitete derweil Mutter Alfons die Geschäfte, die 1907 Mutter Alexia als Generaloberin nachgefolgt war. Die drei Nonnen aus dem Schwarzwald hatten eine weltumspannende Ordensgemeinschaft geschaffen, der heute noch rund 1.200 Schwestern, davon 700 in den USA, angehören. FD

St. Josephs-Statue aus Schwarzach, 18. Jahrhundert
KONGREGATION DER SCHULSCHWESTERN DES HEILIGEN FRANZISKUS, ERLENBAD

Alverno College Sisters String Orchestra, um 1960
SCHOOL SISTERS OF ST. FRANCIS, MILWAUKEE

Freiheit nicht zu glauben

Nur implizit ist im Recht auf Religionsfreiheit des Ersten Verfassungszusatzes auch die Freiheit enthalten, keinem religiösen Glauben anzugehören. Viele gläubige Amerikaner fühlten sich vom Atheismus angegriffen und setzten fehlenden Glauben mit fehlender Moral gleich. Trotz eines Verbots der staatlichen Beteiligung an der Religion war das öffentliche Gebet (häufig unter Verwendung einer protestantischen Bibel) im Amerika des 19. Jahrhunderts üblich und weit verbreitet. Die Rolle des Staates gegenüber religiösen Angelegenheiten wurde in den USA ebenso heiß diskutiert wie in Deutschland.

Der Walldorfer Predigersohn Fritz Schütz trat 1871 in diese nationale Diskussion ein, als er mit seiner Familie in die USA auswanderte.
Johann Jakob Friedrich „Fritz“ Schütz studierte in den 1850er Jahren Naturwissenschaften, Philologie und Philosophie an der Universität Heidelberg. Zu dieser Zeit war die Universität ein Zentrum des politischen Liberalismus. Anschließend wechselte er in das „Brotstudium“ der Philologie, um Lehrer zu werden. Nach fünfjähriger Lehrtätigkeit in Schwetzingen geriet Schütz 1866 in Konflikt mit den Behörden und kündigte.

FRITZ SCHÜTZ

GEBOREN AM
14.04.1833
IN WALLDORF, GROSSHERZOGTUM BADEN

AUSREISE IN DIE USA
1871
AUF DEM DAMPFSCHIFF „MAIN”
VON BREMERHAVEN

ANKUNFT NACH
15 Tagen
IN NEW YORK

VERSTORBEN AM
22.04.1888
IN NEW ULM, MINNESOTA

Fahne des Deutschen Lesevereins, um 1880
CARVER COUNTY HISTORICAL SOCIETY, WACONIA

Er wurde zum Prediger der Freien Religionsgemeinde in Apolda, Thüringen, ernannt. Seit 1869 war Schütz auch Herausgeber der neuen nationalen Freidenker-Zeitschrift Menschenthum. Die religiös-politische Freidenkerbewegung befürwortete die Trennung von Kirche und Staat, kritisierte organisierte Religionen, insbesondere die römisch-katholische Kirche, für ihre Einmischung in die Politik und betonte die Bedeutung der individuellen Vernunft in ethischen Fragen. Viele Freidenker wurden auch stark von neuen Theorien und Entdeckungen in den Naturwissenschaften, insbesondere der Evolutionstheorie, beeinflusst. Schütz argumentierte, dass das Leben eines Individuums vom Gewissen geleitet werden sollte, das er als „Wissenschaft und Verstand“ definierte. „Mit anderen Worten, das Gewissen sollte dem Diktat eines moralischen Systems gehorchen, das sich aus den Gesetzen der Naturwissenschaft ableitet.“ (Weir 2018, 185)

Nach der Gründung des Deutschen Kaiserreiches im Jahr 1871 empfand Schütz die militaristische Ausrichtung in Deutschland als unerträglich. Er wanderte 1871 mit seiner Familie nach Philadelphia aus. 1873 zogen Schütz und seine Familie zunächst weiter nach Milwaukee, Wisconsin, und schlossen sich danach der Turner-Gemeinde in New Ulm, Minnesota, an.

Schütz reiste viel, um den rationalen Atheismus zu fördern, und war ein wichtiger Unterstützer der Freidenker- und der Turnerbewegung. Beide Gruppen waren eng miteinander verbunden und teilten viele Überzeugungen wie die kompromisslose Ablehnung der Sklaverei und natürlich die Trennung von Kirche und Staat. Schütz schrieb auch viele Bücher und Broschüren, darunter „Unsterblichkeit“, „Das Heil der Völker“ (1879) und „Kritiken und Debatten“ (1881). CZM

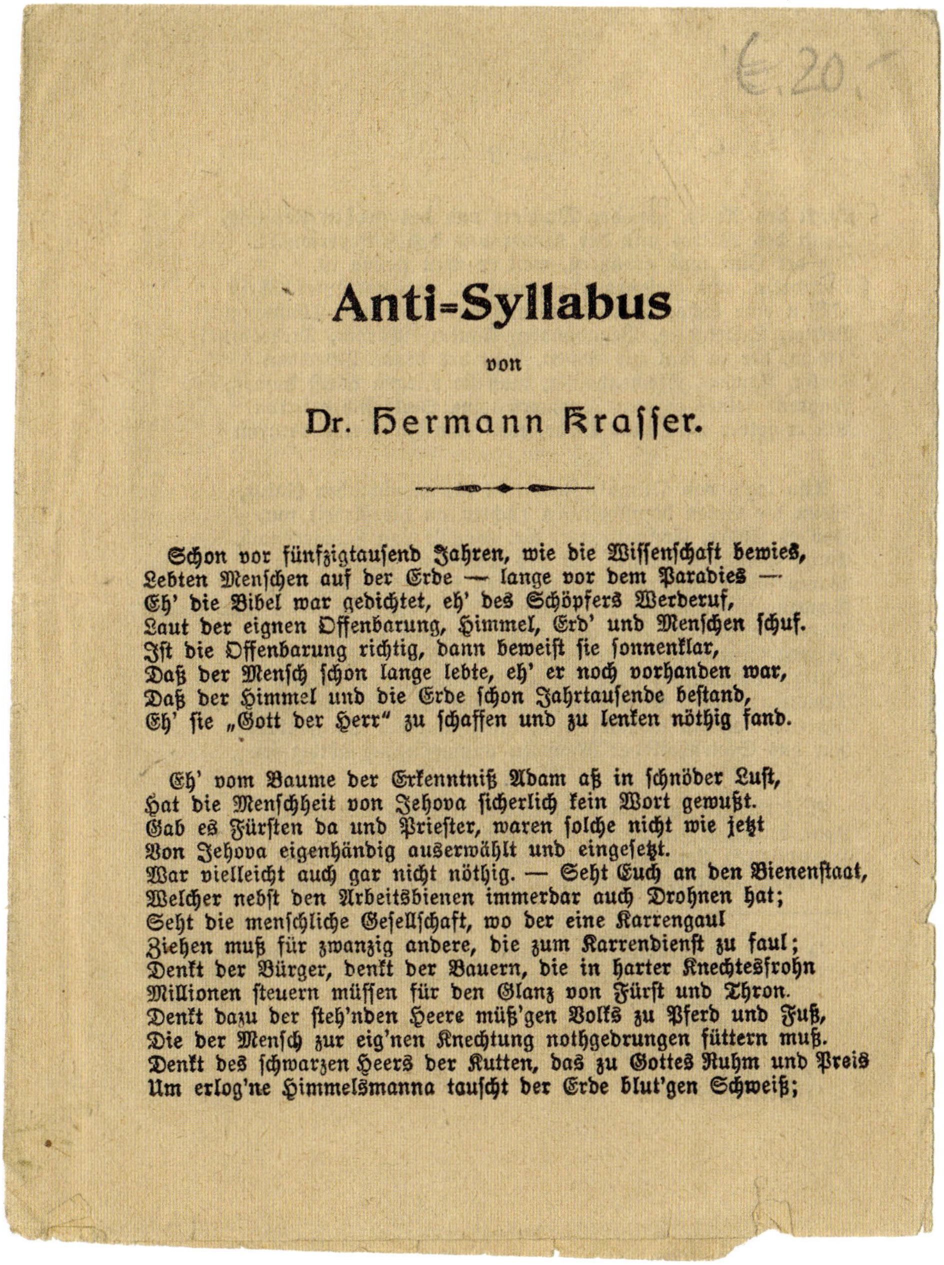

Anti-Syllabus

von

Dr. Hermann Krasser.

Schon vor fünfzigtausend Jahren, wie die Wissenschaft bewies,
Lebten Menschen auf der Erde — lange vor dem Paradies —
Eh' die Bibel war gedichtet, eh' des Schöpfers Werderuf,
Laut der eignen Offenbarung, Himmel, Erd' und Menschen schuf.
Ist die Offenbarung richtig, dann beweist sie sonnenklar,
Daß der Mensch schon lange lebte, eh' er noch vorhanden war,
Daß der Himmel und die Erde schon Jahrtausende bestand,
Eh' sie „Gott der Herr“ zu schaffen und zu lenken nöthig fand.

Eh' vom Baume der Erkenntniß Adam aß in schnöder Lust,
Hat die Menschheit von Jehova sicherlich kein Wort gewußt.
Gab es Fürsten da und Priester, waren solche nicht wie jetzt
Von Jehova eigenhändig auserwählt und eingesetzt.
War vielleicht auch gar nicht nöthig. — Seht Euch an den Bienenstaat,
Welcher nebst den Arbeitsbienen immerdar auch Drohnen hat;
Seht die menschliche Gesellschaft, wo der eine Karrengaul
Ziehen muß für zwanzig andere, die zum Karrendienst zu faul;
Denkt der Bürger, denkt der Bauern, die in harter Knechtesfrohn
Millionen steuern müssen für den Glanz von Fürst und Thron.
Denkt dazu der steh'nden Heere müß'gen Volks zu Pferd und Fuß,
Die der Mensch zur eig'nen Knechtung nothgedrungen füttern muß.
Denkt des schwarzen Heers der Kutten, das zu Gottes Ruhm und Preis
Um erlog'ne Himmelsmanna tauscht der Erde blut'gen Schweiß;

Friedrich Hermann Krasser,
„Anti-Syllabus“, 1869
HAUS DER GESCHICHTE BADEN-WÜRTTEMBERG

Aus dem Festungsgefängnis Hohenasperg schrieb Friedrich List über seinen Traum eines Eigenheims in Amerika: „Nur soll mein Häuslein nicht auf europäischem Grund und Boden stehen, sondern in der freien Luft einer Republik, wo man die Leute nicht bei den Haaren herumzieht und einsperrt, wenn sie Vernunft reden." (List 1933, 302) Auch in der Auswandererliteratur des 19. Jahrhunderts fungierten die USA oft als visionäre Gegenwelt, in der die „Europamüden" (so der Titel eines 1838 erschienenen Romans von Ernst Willkomm) Zuflucht fanden, als Land der religiösen Toleranz, der bürgerlichen Freiheiten und der politischen Mitbestimmung (Depkat 1998, 233). Das lag vor allem an der politischen Verfassung der Vereinigten Staaten – der ersten Republik der Neuzeit. Die Unabhängigkeitserklärung von 1776 erschien noch im selben Jahr in deutscher Übersetzung. In ihrer Präambel waren erstmals Grundrechte wie „Leben, Freyheit und das Bestreben nach Glückseligkeit" verankert und der Grundsatz der Volkssouveränität festgeschrieben. Auch die 1787 geschriebene Verfassung betont den Wert der Freiheit, die Zusatzartikel von 1789 (Bill of Rights) garantieren unter anderem Meinungsfreiheit, Versammlungsfreiheit und freie Religionsausübung. Das Recht auf Asyl beziehungsweise der Grundsatz, keine politisch Verfolgten abzuschieben, geht auf Thomas Jefferson, den Hauptautor der Unabhängigkeitserklärung, zurück (Reiter 1992, 22f.), also auf einen Mann, der selbst, wie die

LAND DER FREIHEIT

Mehrheit der „Gründerväter", Sklaven besaß. Das Freiheitsversprechen galt nicht für Alle. Schwarze Menschen aus Afrika waren in vielen Bundesstaaten bis 1865 versklavt. Auch als 1870 Schwarze Männer prinzipiell das Wahlrecht erhielten, hinderten rassistische Gesetze in den Südstaaten sie an der Ausübung dieses Bürgerrechts. Frauen durften erst seit 1920 bundesweit wählen, viele Indigene Amerikas wurden erst 1924 zu prinzipiell wahlberechtigten Staatsbürger*innen.

Der „Voting Rights Act" von 1965 garantierte schließlich das allgemeine gleiche Wahlrecht für alle Bürger*innen.

Die Auswanderung Deutscher nach Amerika im 19. Jahrhundert war vor allem ökonomisch motiviert. Doch flohen in der Repressionswelle nach 1819 etliche Freiheitsbewegte in die USA - oder wurden dorthin abgeschoben. Der Gießener Burschenschaftler und Freund Franz Gräters, Karl Follen, ernannte die neue Heimat geradezu zum Demokratielabor: „Hiernach möchte die Bestimmung von Nordamerika die sein: das Heiligtum eines auf allgemeine gleiche Freiheit gegründeten bürgerlichen Gemeinwesens, als eine Anforderung der Vernunft an alle Menschen und Völker, nicht nur in sich, sondern auf der ganzen Erde zu gründen, und aufrecht zu erhalten." (zit. nach Reiter 1992, 89) Nach dem Scheitern der Revolution von 1848/49 kamen noch einmal rund 3-4.000 politische Flüchtlinge aus dem deutschen Südwesten in die USA (Henßler 2008, 121). Diese relativ wenigen „Forty-Eighters" spielten publizistisch eine große Rolle. Sie engagierten sich politisch, oft auf Seite der Republikanischen Partei, die 1854 aus der Bewegung zur Abschaffung der Sklaverei entstand, und kulturell. 1861 meldeten sich viele von ihnen als Freiwillige zum Kampf im amerikanischen Bürgerkrieg (Hochbruck 2000, 130-145).

Zum hundertjährigen Jubiläum der Unabhängigkeit 1876 schenkte Frankreich den USA ein Freiheitsdenkmal. Die Kolossalstatue wurde zehn Jahre später, 1886, eingeweiht und verherrlichte dauerhaft die Rolle der USA als Hort freiheitssuchender Migrant*innen. Die jüdisch-amerikanische Dichterin Emma Lazarus hatte 1883 ein Gedicht zum Fundraising für den Sockel der Statue beigesteuert. Seit 1903 ist es auf einer Bronzeplakette am Fuß der Freiheitsstatue zu lesen: „Give me your tired, your poor, Your huddled masses yearning to breathe free. („Gebt mir eure Müden, eure Armen, eure geknechteten Massen, die frei zu atmen begehren.") In Wahrheit waren Einwander*innen auch in den USA nicht immer und überall willkommen. Um die Mitte des 19. Jahrhunderts forderten viele Politiker Einwanderungsbeschränkungen. Seit 1882 durfte niemand einreisen, der in den Augen der Einwanderungsbeamten „vermutlich ein Sozialfall" werden würde. Frauen und Schwarze Amerikaner empfanden die Einweihung der Statue of Liberty als Hohn. Suffragetten mieteten ein Boot, fuhren zur Statue und forderten dort das Frauenwahlrecht (Harris 1985, 127f.). Die afroamerikanische Zeitung Cleveland Gazette prangerte am 27. November 1886 die Heuchelei der Inszenierung an: „Schmeißt die Bartholdi-Statue mitsamt Fackel und allem drum und dran in den Ozean, bis die ‚Freiheit' dieses Landes einem biederen und fleißigen Schwarzen ermöglicht, seinen Lebensunterhalt und den seiner Familie in anständiger Weise zu verdienen, ohne ‚ge-kukluxt', womöglich ermordet zu werden."

Neun Jahre später sprach ein Festredner erstmals öffentlich vom „American Dream" als dem nahen Versprechen von Freiheit und Gleichheit. Anlass war eine Feier zu Ex-Präsident Ulysses S. Grants 75. Geburtstag 1895: „Seht die Millionen von Menschen in Amerika, die freien Institutionen, die fairen Gesetze, die großzügigen Möglichkeiten, die Schulen und

Kirchen. Gewiss, noch sieht man Unglück und Missstände, denn der amerikanische Traum ist noch nicht völlig realisiert.“ (zit. nach Churchwell 2018, 25) In den 1930er Jahren begannen die Amerikaner zunehmend, mit dem „American Dream“ Reichtum und Aufstieg zu assoziieren. Mit der Anrufung der „vier Freiheiten Amerikas“ suchte Präsident Franklin D. Roosevelt 1941 die Amerikaner*innen zur Unterstützung der Anti-Hitler Koalition zu bewegen. Diese vier Freiheiten sind Meinungsfreiheit, Religionsfreiheit, Freiheit von Not und Freiheit von Furcht. Sein Nachfolger Harry S. Truman ersetzte 1947 die beiden letztgenannten „negativen“ Freiheiten durch ein kapitalistisches Ideal, den „freien Handel“. FD

John Trumbull: Declaration of Independence, 1819
U.S. CAPITOL; LIBRARY OF CONGRESS, WASHINGTON, D.C.

ADOLF CLUSS

GEBOREN AM
14.07.1825
IN HEILBRONN, KÖNIGREICH WÜRTTEMBERG

AUSREISE IN DIE USA
1848
AUF DEM SEGELSCHIFF „ZÜRICH“
VON LE HAVRE

VERSTORBEN AM
24.07.1905
IN WASHINGTON, D.C.

Kommunist und Stararchitekt Washingtons

Ein Heilbronner Architekt baute maßgeblich die US-amerikanische Hauptstadt. Ohne Adolf Cluss lässt sich die Geschichte von Washington, D.C., nicht erzählen. Zwischen 1862 und 1889 prägte er mit seinen Schulen, Kirchen, großen Regierungs- und Geschäftsgebäuden sowie vielen Wohnhäusern maßgeblich die Bundeshauptstadt. Cluss beaufsichtigte den Bau von Abwasserkanälen, das Pflastern von Straßen und das Pflanzen von Bäumen zur Verschönerung der öffentlichen Räume. Washington wurde für ihn zur Bühne, um seine damals radikalen Ideen von Architektur umzusetzen: solide, hochwertige Konstruktionen für alle, reich oder arm, weiß oder Schwarz, basierend auf modernem, funktionalem Design.

Als Cluss 1848 nach Washington zog, um als technischer Zeichner für die US Navy zu arbeiten, fand er eine von den Ämtern und Behörden der Bundesregierung dominierte Stadt vor. Etwa 30 Prozent der 50.000 Einwohner waren Afroamerikaner, 3.100 von ihnen waren versklavt. Washington war ursprünglich als Planstadt nach einem Entwurf des französischen Architekten Pierre Charles L'Enfant entworfen worden, aber nach dem Bürgerkrieg wurde dieser Plan aufgegeben. Die Stadt hatte nur wenige asphaltierte Straßen und fast keine Bauvorschriften. Das amerikanische Recht, mit seinem Eigentum zu tun, was man wollte, ließ oft das Gemeinwohl in den Hintergrund treten. Einwohner Washingtons, die in der Nähe der Flüsse Potomac, Anacostia und Tiber Creek wohnten, litten lange Zeit an durch Wasser übertragenen Krankheiten wie Typhus, Gelbfieber, Malaria und Cholera. Die wenigen Schwarzen Kinder, die eine Ausbildung erhielten, besuchten von weißen Kindern getrennte Schulen.

Cluss' Karriere als Architekt begann während des Bürgerkriegs 1863 mit einem Militärauftrag. Ein Jahr danach plante er die ersten modernen öffentlichen Schulen in Washington. Er war für diese Arbeit in einzigartiger Weise qualifiziert, da er sowohl Architekt als auch Ingenieur war. Seine Schlüsselprinzipien in der Schularchitektur waren für die damalige Zeit revolutionär: Gebäude mit mehreren Stockwerken und hohen Decken, klaren Verkehrswegen, natürlichem Licht, eingebauten Heizungs- und Lüftungssystemen und einer soliden feuerfesten Konstruktion. Als Marxist und Abolitionist entwarf und baute Cluss Schulstrukturen für Schwarze und für weiße Kinder.

Präsident Ulysses S. Grant ernannte Cluss 1872 zum City Engineer und Mitglied des Board of Public Works (Vorstand des staatlichen Bauvorhabens). Cluss war Inspektor bis 1874, als er in die Privatwirtschaft zurückkehrte. Von 1889 bis 1894 diente er auch als Bundesinspektor für Gebäude. Beispielsweise überwachte er 1892 den Bau des Ankunftsgebäudes auf Ellis Island im Hudson River zwischen Manhattan und New Jersey. Während Cluss' Zeit als Stadtingenieur führte das Board of Public Works 1872 seine erste umfassende Bauordnung ein, die sich mit Gesundheits- und Sicherheitsfragen befasste, insbesondere mit Brandschutz. Zuvor arbeiteten Bauherren nach Richtlinien, die noch 1791 von George Washington festgelegt worden waren und die hauptsächlich die Ästhetik betrafen. Cluss förderte die Inspektion von Gebäuden und setzte sich dafür ein, dass vor dem Bau eine Genehmigung eingeholt werden musste, um zu versuchen, schlechte und unsichere Konstruktionen zu vermeiden. Er verengte auch Washingtons sehr breite Straßen und beaufsichtigte das Pflanzen von Bäumen zwischen Straßen und Häusern.

Cluss-Gebäude wurden für den Einsatz der neuesten technologischen Innovationen in den Bereichen Belüftung, Brand-

Ausstellung des Modells der Franklin-Schule von Cluss, 1876
LIBRARY OF CONGRESS, WASHINGTON, D.C.

Gitter von der Charles-Sumner-Schule, 1872
STADTARCHIV HEILBRONN

schutz und Zentralheizung bewundert. Aber er glaubte auch, dass Architektur die Menschen inspirieren könnte, die in seinen Gebäuden lebten und arbeiteten. Bis 1890 hatte Cluss unter seinen vielen Projekten vier der ersten fünf Gebäude der National Mall entworfen. Am häufigsten verwendete er dafür roten Backstein als Baumaterial. Zu den öffentlichen Gebäuden, die Cluss in rotem Backstein entworfen hatte, gehörten der Central Market, der Eastern Market, die Tabernacle Church, das Army Medical Museum and Library, das Smithsonian Arts and Industries Building und das Smithsonian Castle sowie mehrere Schulen.

Cluss und seine Familie waren im späten 19. Jahrhundert selbst direkt von den negativen Folgen der schlechten sanitären Einrichtungen in Washington betroffen. Zwei seiner vier Söhne, der 23-jährige Adolph und der 29-jährige Carl, starben 1886 und 1894 an Typhus. Ein weiterer Sohn, der 17-jährige Richard, starb 1893 an Tuberkulose. Die Frau von Cluss, Rosa, starb ebenfalls an Typhus im Jahr 1894. Obwohl Cluss fast 90 Gebäude entworfen und gebaut hatte, konnte er nicht ganz Washington neu bauen, um die Stadt zu einem sauberen und gesunden Ort zu machen. CZM

Die Spannungen der Freiheit

DIE TURNVEREINE

Die Anhänger der Turnbewegung sahen in der Übersiedlung in die Vereinigten Staaten die Chance, ihre radikal-demokratischen Vorstellungen von voller politischer Gleichberechtigung, Religionsfreiheit und Selbstverwaltung in die Praxis umzusetzen. Dies galt vor allem nach der Revolution von 1848/49, in der sich die meisten Turner für diese Ziele so stark eingesetzt hatten, dass ihnen nach der Niederschlagung der demokratischen Bewegung nur noch die Flucht blieb. Doch selbst in Amerika, einem vermeintlichen Land der Freiheit, stießen sie auf Widerstand. Der Wunsch nach einer autonomen Turner-Gemeinde in New Ulm, Minnesota, ging zu Lasten der Dakota Sioux, die von ihrem Land vertrieben wurden, damit es an weiße Amerikaner*innen und europäische Einwander*innen umverteilt werden konnte. Der Antiklerikalismus der Turner stand im Konflikt mit katholischen Amerikaner*innen und Einwanderer*innen, die ihr eigenes Recht auf Religionsfreiheit forderten.
Die Turnvereine verbreiteten sich ab 1848 schnell in allen Städten mit großen und wachsenden deutschen Gemeinden. Neben der körperlichen Betätigung stand gleichermaßen die geistige Bildung der Mitglieder. Die Turner hatten sich in Deutschland immer gegen kirchliche Einmischung, insbesondere durch das Papsttum, in die Politik ausgesprochen.
Sie argumentierten, dass die verfassungsmäßige Trennung von Kirche und Staat in den USA auch den Atheismus schützte. Insbesondere traten die Mitglieder der Turnvereine sowohl für öffentliche (im Gegensatz zu kirchlichen) Schulen als auch für Bibliotheken und Lesegesellschaften ein, in denen sich die Menschen über wichtige politische, wirtschaftliche und soziale Fragen weiterbilden konnten.
Die Frage, wie integriert oder getrennt Einwander*innen in den USA sein sollten, war ein unter Deutsch-Amerikaner*innen heiß diskutiertes Thema, an dem sich die Turner aktiv beteiligten. Obwohl Turnvereine ihre Mitglieder und andere Deutsche dazu drängten, amerikanische Staatsbürger zu werden und sich an der US-Politik zu beteiligen (statt nach Deutschland zurückzukehren), hielten sie ein gewisses Maß an Trennung von anderen Amerikaner*innen aufrecht und versuchten, die amerikanische Gesellschaft zu verändern.
Das wichtigste Beispiel für diesen Turner-Partikularismus war die Entwicklung in New Ulm, wo sich eine Gemeinde gegründet hatte, die auf den Werten von Rationalismus, Atheismus und freiwilliger Zusammenarbeit basierte. 1856 waren dafür Turner aus Cincinnati eine Partnerschaft mit dem Chicago Landverein (Land Company) eingegangen, um das Land weiterzuentwickeln, das der Verein ein Jahr zuvor am Ufer des Minnesota River im Minnesota-Territorium gekauft hatte. Dieses Land hatte die USA von den Dakota Sioux in einer Reihe von Verträgen erworben, die 1837 und 1851 unterzeichnet worden waren; ein dritter Vertrag über den Erwerb von noch mehr Dakota-Land wurde 1858 unterzeichnet. Die Turner-Siedler gehörten zu den Tausenden weißer Amerikaner*innen und Europäer*innen, die sich in den 1850er Jahren in Minnesota niederließen. Innerhalb weniger Monate hatten die New Ulmer Turner mehrere primitive Blockhütten, ein Postamt und zwei Geschäfte gebaut. Eine Turnhalle, ein Theater und eine Schule entstanden ebenfalls. Im Gegensatz zu vielen anderen amerikanischen Siedlungen hatte New Ulm aber anfangs keine Kirche, und der Lehrplan der Schule beinhaltete kein Bibellesen. Kinder wurden auf Deutsch unter der Verwendung von Texten der Turner sowie auf Englisch unterrichtet. Während die Turner ihre Utopie in der Prärie verwirklichen wollten, wurden die Dakota in ein nahes gelegenes Reservat verbannt, wo sie Hunger und weiterer Erniedrigung durch die US-Regierung ausgesetzt waren. Die Turner sahen ihre Gemeinschaft als eigenständig, sogar einzigartig an, aber sie waren immer noch Teil eines größeren Projekts der Kolonialisierung Indigener durch Weiße.
Das zweite Beispiel dafür, dass die Turnerbewegung die amerikanische Gesellschaft nicht so akzeptierte, wie sie war, war ihre starke Opposition gegen die Sklaverei. Tausende von Turnern meldeten sich freiwillig, um während des Bürgerkriegs für die Unionsarmee zu kämpfen. Im Gegensatz zu vielen anderen Nordamerikanern sahen sie als Kern des Konflikts eher die Abschaffung der Sklaverei als den bloßen Erhalt der Union. Anti-Sklaverei-Deutsche organisierten eifrig Turner-Regimenter, wie das 20. New Yorker Infanterieregiment oder das 9. Ohio Voluntary Infantry Regiment.
Die Turnvereine waren zunächst eine reine Männerorganisation, doch nach dem Bürgerkrieg begannen einige Vereine, Frauen die Organisation von Hilfsvereinen zu gestatten. Frauen und Mädchen unterstützten den Männerverein, indem sie Geld durch die Organisation von gesellschaftlichen Veranstaltungen wie Bällen und Festessen sammelten. Und sie übernahmen zunehmend selbst die Leitung von Sport- und Bewegungskursen. CZM

Fahne des Washingtoner Turnvereins, 1850er Jahre
AMERICAN TURNER SOCIETY, CHICAGO

Frauensektion des New Ulmer Turnvereins, 1889-1915
NEW ULM TURNER SOCIETY, NEW ULM

Gut Heil!

1889 TURNER 1915
FRAUEN VEREIN
New Ulm, Minn.

GUSTAV TAFEL

GEBOREN AM
13.10.1830
IN MÜNCHEN, KÖNIGREICH BAYERN

AUSREISE IN DIE USA
1847
AUF DEM SEGELSCHIFF „1847“
VON ANTWERPEN

VERSTORBEN AM
12.11.1908
IN CINCINNATI, OHIO

Gustav Tafel als Colonel im Bürgerkrieg, ca. 1861–1865
CINCINNATI MUSEUM CENTER, TAFEL FAMILY COLLECTION

Eine Familie von Freiheitskämpfern

Der 17-jährige Gustav Tafel segelte im September 1847 zusammen mit seinem 16-jährigen Bruder Rudolph in die USA. Als ein Jahr später die Familie Tafel durch die Teilnahme von Gustavs Onkel Gottlob Tafel an der Revolution in Württemberg in Bedrängnis geriet, folgten Gustavs zwei und drei Jahre jüngeren Brüder Albert und Hugo. Und im November 1853 trafen auch die Eltern Johann Friedrich Leonhard und Carolina Luise mit ihrem jüngsten Sohn Louis Paul in den USA ein. Die Familie war wieder vereint.
Die Eltern von Gustav Tafel ließen sich im Westen von Ohio nieder, wo der aus Sulzbach am Kocher stammende renommierte Bibelübersetzer Johann Friedrich Leonhard Tafel Pro-

Uniform von Gustav Tafel, 1860er Jahre
CINCINNATI MUSEUM CENTER, A GIFT OF SHERRY SCHALLER MARSHALL

fessor für Sprachen an der Urbana University wurde, einer 1850 gegründeten Swedenborgian School. Das Paar zog später nach St. Louis und schließlich nach Philadelphia.
Gustav und seine Brüder hatten sich dagegen für Cincinnati entschieden, einer wachsenden Grenzstadt zwischen Ohio und Kentucky am Ohio River. 1850 hatte Cincinnati ungefähr 115.000 Einwohner*innen, von denen ein Drittel aus Deutschland eingewandert war. Wenn die in den USA geborenen Kinder dazu gezählt wurden, dann war sogar die Hälfte der Bevölkerung der Stadt deutsch. Gustav arbeitete zunächst als Drucker für die Zeitung Cincinnati Gazette und dann als Reporter für das Cincinnati Volksblatt. Später studierte Tafel Jura und wurde 1858 als Rechtsanwalt in Ohio zugelassen. Bereits im November 1848 beteiligten sich die Tafel-Brüder aktiv an der durch den Besuch von Friedrich Hecker in Cincinnati ausgelösten Gründung eines der ersten Turnvereine in den USA. Zu den Unterzeichnern der Vereins-Statuten vom 21. November 1848 gehörten Gustav und seine drei Brüder Albert, Hugo und Rudolph. Gustav sollte von 1855 bis zum Beginn des Bürgerkriegs 1861 sogar Präsident des Cincinnati Turnvereins sein.
Als der Krieg im April 1861 begann, schlossen sich Gustav Tafel und sein Bruder Hugo sofort dem 9. Ohio Volunteer Infantry Regiment an, einem deutschen Regiment, das viele Turner als Mitglieder hatte. Es war eines von neun deutschen Regimentern, die allein in Ohio aufgestellt wurden. Hugo Tafel wurde im Januar 1862 in der Schlacht von Mill Springs, Kentucky, getötet. Tafels Bruder Albert diente als Hornist in der 1. Indiana Infantry Division, Company A. Gustav Tafel kämpfte ab Juni 1862 als Oberstleutnant des 106. Ohio Infantry Regiment. Der größte Teil seines Kriegsdienstes fand in Kentucky, Tennessee und Süd-Ohio statt, wo ein besonders grausamer Guerillakrieg tobte.
Nach dem Krieg wandte sich Tafel wieder der Rechtswissenschaft zu, engagierte sich aber auch politisch. Die deutsche Gemeinde in Cincinnati war lange zwischen der Demokratischen und der Republikanischen Partei gespalten, denn obwohl die Republikaner die Sklaverei stärker ablehnten, hatten einige in der Partei auch Maßnahmen wie Alkoholbeschränkungen gefordert, die viele Deutsche als Angriff auf ihre Kultur betrachteten. Auch Tafel spiegelte diese Zerrissenheit wider. Noch als Republikaner wurde er 1866 zum Abgeordneten der Ohio State Legislature gewählt. Als Demokrat kam er aber 1897 in das Amt des Bürgermeisters von Cincinnati, in dem er bis 1900 drei einjährige Amtszeiten verbrachte.
Auch in der deutschen Community war Tafel aktiv. 1866 wirkte er bei der Gründung des Cincinnati Schützen-Vereins mit, der sich aus vielen Bürgerkriegsveteranen zusammensetzte. Er half auch bei der Gründung des Turnvereins in North Cincinnati im Jahr 1881 und war dessen erster Präsident. Gustav Tafel heiratete 1870 Therese Dorn und bekam 11 Kinder. CZM

Wie hätte Gustav Tafel auf Instagram über seinen Neustart in den USA berichtet?

ENDLICH WIEDER VEREINT

Die schrittweise Auswanderung von ganzen Familien, wie der Familie Tafel, nennt man Kettenmigration. In den USA bildeten sich so Cluster von Menschen aus in Deutschland benachbarten Orten. Die Kettenmigration wurde erleichtert durch ein verbessertes transatlantisches Postwesen. Einwander*innen konnten ihren Verwandten Geld und Tickets im Voraus schicken.

NUR WER MITBESTIMMT, KANN DINGE VERÄNDERN

Gustav Tafel konnte in den USA politisch Karriere machen. Denn nur die Ämter des Präsidenten und des Vizepräsidenten sind im Inland geborenen US-Amerikaner*innen vorbehalten. Alle anderen politischen Ämter stehen im Ausland geborenen US-Bürger*innen frei.

#MITBESTIMMUNG

AMALIE STRUVE

GEBOREN AM
02.10.1824
IN MANNHEIM, GROSSHERZOGTUM BADEN

AUSREISE IN DIE USA
1851
AUF DEM SEGELSCHIFF „ROSCIUS"
VON LIVERPOOL

ANKUNFT NACH
28 Tagen
IN NEW YORK

VERSTORBEN AM
13.12.1862
IN NEW YORK

Kampf für freie Menschlichkeit

Am 17. Mai 1861 überreichte Amalie Struve dem 8. New Yorker Freiwilligen-Regiment feierlich eine Fahne. Sie zeigte auf der einen Seite die 13 Streifen sowie 34 Sterne der US-Flagge. Auf der anderen Seite aber waren statt Sternen drei horizontale Streifen in Schwarz-Rot-Gold aufgenäht – die Farben der deutschen 1848er Revolution. Dazu erklärte sie: „Diese Fahne hat schon in zwei Ländern für die Freiheit gekämpft. Soldaten, indem ihr sie weitertragt, führt ihr sie zu einer Erneuerung des ihr wohlbekannten Kampfes." (New-York Daily Tribune, 18.05.1861) Auch Amalie Struve hatte sich in zwei Ländern für die Freiheit eingesetzt, immer an der Seite ihres um 19 Jahre älteren Ehemannes Gustav Struve (* 11.10.1805 in München, † 21.08.1870 in Wien), mit dem sie eine symbiotische Beziehung führte. Frauen mussten ihrer Überzeugung nach frei und selbständig sein und doch „als wahre Ehehälfte ihren vollen Antheil nehmen an allem, was die Seele des Mannes bewegte" (Struve 1850, 5f.).

Die Struves verfassten gemeinsam Texte und propagierten eine vegetarische Ernährung: „Ich kann mir einen freien Staat, einen Staat freier Menschlichkeit, ein Paradies auf Erden nicht denken mit Fleischspeisen, öffentlich zur Schau ausgehängten Thierleichen." (Struve 1850, 9) Sie teilten die Ideale von Freiheit und Gleichheit und die Bereitschaft, für eine Republik zu kämpfen. Zusammen mit Friedrich Hecker gehörten sie zu den führenden Köpfen der badischen Revolution 1848. Sie waren beim Heckerzug dabei, der am 20. April 1848 im Gefecht bei Kandern besiegt und aufgerieben wurde. Anders als Hecker kehrten die Struves im September 1848 nach Baden zurück. Gustav Struve rief in Lörrach die Republik aus. Amalie Struve bemühte sich, die Frauen für die revolutionären Ideen zu mobilisieren. Beide wurden nach der Niederschlagung des „Struve-Putsches" zu Haftstrafen verurteilt. Von September 1848 bis April 1849 saß Amalie Struve in Freiburg im Gefängnis, Gustav Struve wurde im April 1849 nach Rastatt, im Mai nach Bruchsal verlegt. Im badischen Maiaufstand wurde auch er befreit und engagierte sich wieder auf der Seite der radikalen Republikaner. Nach dem endgültigen Scheitern der Revolution floh das Ehepaar Struve über die Schweiz nach England. Dort schrieb Amalie Struve ein Buch über ihre Revolutionserfahrungen, „den Frauen Deutschlands gewidmet". Das Leben in England war schwer. Nur wenige deutsche Emigranten fanden Arbeit; die Struves zogen sich aus den Grabenkämpfen der Londoner Exilanten zurück und versuchten erfolglos, eine landwirtschaftliche Kommune in der Nähe von York aufzubauen (Reiss 2004, 182). „Mit äußerstem Widerstreben" entschlossen sie sich schließlich, nach Amerika auszuwandern (zit. nach Reiss 2004, 207).

In der deutschen Community in Staten Island und New York fanden die Struves Anschluss. Von Juli 1851 bis April 1852 gab Gustav Struve in New York die Zeitung Deutscher Zuschauer heraus. Von April 1858 bis Februar 1859 war er Redakteur der Arbeiterzeitung Sociale Republik. Er setzte sich für die Gründung einer freien deutschen Schule ein und unterstützte in den Wahlkämpfen von 1856 und 1860 die republikanischen Präsidentschaftskandidaten. Amalie Struve betätigte sich in

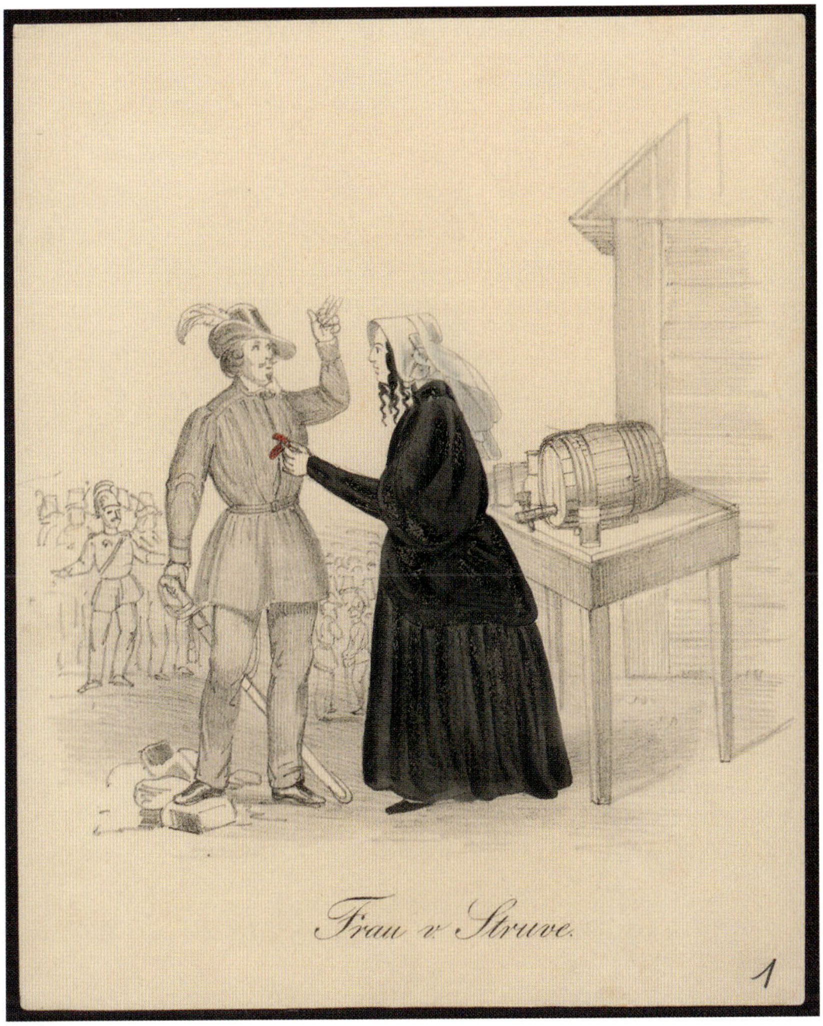

Amalie Struves Einsatz für die Revolution, April 1848
LANDESARCHIV BADEN-WÜRTTEMBERG, GENERALLANDESARCHIV KARLSRUHE

Manuskript der Novelle „Die Lehrerin", nach 1851
BUNDESARCHIV KOBLENZ

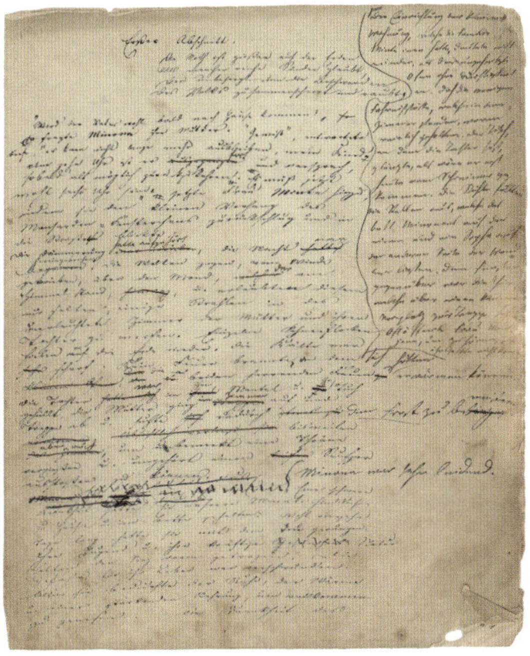

der neuen Heimat als Schriftstellerin undengagierte sich in der amerikanischen Frauenbewegung. In Gustav Struves Zeitschriften veröffentlichte sie Artikel zur Rolle der Frauen in der Revolution, zum Frauenstimmrecht, zu Erziehungsthemen und zur Mädchen- und Frauenbildung (Freund 2007, 708-715). Vehement plädierte sie für Gleichberechtigung, war aber nicht frei von Vorurteilen. Sie kritisierte die amerikanischen Frauen, weil sie von „Putzsucht und übertriebene[r] Liebe zum Luxus" beherrscht seien. Die in den Südstaaten erlaubte Sklaverei hielt sie für unvereinbar mit der Würde der weißen Frauen: „Diese Frauen sind hochmüthiger und hartherziger, als die schlimmsten Aristokratinnen der alten Welt." (Amerikanische und europäische Frauen, in: Sociale Republik Nr. 38, 8. Januar 1859) Auch Gustav Struve war Gegner der Sklaverei und doch, wie viele Zeitgenossen, Rassist. Schwarze Menschen nannte er „eine sehr tief stehende Menschenklasse" (zit. nach Reiss 2004, 330). Wie viele „Fortyeighters" deuteten die Struves den amerikanischen Bürgerkrieg als Fortsetzung des Freiheitskampfes von 1848/49. Der 50-jährige Gustav Struve trat bewusst als einfacher Soldat in Ludwig Blenkers 8. New Yorker Freiwilligen-Regiment ein, wurde aber bald zum Lieutenant, dann zum Captain und Kompaniechef befördert (Reiss 2004, 352f.). Die hochschwangere Amalie zog für die Dauer des Feldzugs zu Blenkers Frau. Fünf Tage nach der Geburt ihres dritten Kindes starb sie am Kindbettfieber. Nach einer Amnestie kehrte Gustav Struve im Mai 1863 nach Europa zurück und lebte zunächst in Stuttgart, dann in Coburg. Er widmete sich nun vor allem dem Kampf für den Vegetarismus. FD

FRIEDRICH HECKER

GEBOREN AM
28.09.1811
IN EICHTERSHEIM, GROSSHERZOGTUM BADEN

AUSREISE IN DIE USA
1848
AUF DEM SEGELDAMPFER „HERMANN“
VON LE HAVRE

ANKUNFT NACH
15 Tagen
IN NEW YORK

VERSTORBEN AM
24.03.1881
IN SUMMERFIELD, ILLINOIS

Heckers Ankunft in Amerika, 1848
BADISCHES LANDESMUSEUM KARLSRUHE

Kämpferischer Republikaner

Als überzeugter „Rechtsfreund des Volkes“ achtete Friedrich Hecker auf Distanz zum monarchischen Staat. Nach dem Studium der Rechtswissenschaften an der Universität Heidelberg von 1830-1834 bemühte er sich nicht um eine Stelle im Staatsdienst, sondern versuchte den Aufbau einer Anwaltskanzlei. Erst Ende 1838 erhielt er die Zulassung als Advokat und Prokurator am Großherzoglichen Oberhofgericht und Hofgericht des Unterrheinkreises in Mannheim. Dort lernte er auch den Advokaten Gustav Struve kennen. Mitte der 1840er Jahre übernahm Hecker die Verteidigung des wegen Pressevergehen mehrfach angeklagten Struve. Beide sollten die führenden Männer des radikaldemokratischen Flügels der Opposition in Baden werden.
Während der Theoretiker Struve die programmatische Entwicklung prägte, stieg Hecker zu einem der populärsten Oppositionellen im Großherzogtum auf. Der brillante Redner attackierte ab 1842 vehement die badische Regierung in der Zweiten Kammer des Landtags. Als im Februar 1848 in Frank-

reich die Revolution ausbrach, stand Hecker an der Spitze der radikaldemokratischen Bewegung. Zusammen mit Struve versuchte er zunächst über Volksversammlungen friedlich die Regierungen zum Nachgeben und zum demokratischen Umbau von Staat und Gesellschaft zu bewegen. Aber Ende März scheiterten Hecker und Struve im Frankfurter Vorparlament deutlich mit ihrem Antrag, in Deutschland eine Republik nach dem Vorbild der USA zu gründen.

Hecker entschied sich daraufhin für einen anderen Weg. Am 12. April 1848 rief er in Konstanz ohne größere Vorbereitungen die Republik aus. Mit einem bewaffneten Aufstand sollten die Monarchien beseitigt werden. Doch der „Heckerzug“ wurde am 20. April bei Kandern im Südschwarzwald entscheidend besiegt. Hecker floh nach Muttenz bei Basel, bevor er im Spätsommer die Auswanderung in die USA ankündigte. Von Le Havre reiste er am 20. September 1848 nach New York. Bei seiner Ankunft wurde er von Tausenden deutschen Einwander*innen begrüßt. In der Nähe der Kleinstadt Belleville kaufte er in Summerfield, Illinois, eine Farm. Als Ende Mai 1849 die Meldung vom vorläufigen Erfolg der Revolution in Baden in den USA eintraf, kehrte er sofort nach Europa zurück. Doch er kam zu spät: Ohnmächtig musste er in Frankreich die Niederschlagung der badischen Revolution im Juni 1849 mitverfolgen. Enttäuscht kehrte er nach Illinois zurück.

In den USA schloss sich Hecker wie viele andere deutsche Migrant*innen der neugegründeten Republikanischen Partei an. Deren Ablehnung der Sklaverei passte zu seinen aus Baden mitgebrachten Vorstellungen von einer vom Mittelstand geprägten Gesellschaft. Ökonomische Selbständigkeit, Aufstiegsmöglichkeiten und Ablehnung des Beamtenstaats standen im Mittelpunkt seiner Idee von Freiheit. Für Hecker bestand die ideale Gesellschaft daher aus bürgerlichen Grundbesitzern, die wirtschaftlich autark waren, wie er es mit seiner Farm in Summerfield vorlebte. Er glaubte nicht, dass Frauen politisch oder wirtschaftlich unabhängig sein könnten, und lehnte daher das Frauenwahlrecht ab. 1856 begann er Wahlkampf für die Republikaner zu machen. Bei den Deutsch-Amerikanern setzte er sich 1860 für deren Präsidentschaftskandidaten Abraham Lincoln ein.

Als 1861 der Bürgerkrieg ausbrach, zeigte Hecker erneut seine Bereitschaft, auch persönlich für seine Überzeugungen zu kämpfen. Obwohl er fast 50 Jahre alt war, meldete er sich freiwillig zum Militärdienst. Er wurde zum verantwortlichen Oberst des 24. Infanterieregiments von Illinois ernannt, das aus Einwanderern aus Mitteleuropa bestand. Hecker diente auch als Oberst des 82. Infanterieregiments von Illinois, einem weiteren Einwandererregiment, das in mehreren Schlachten kämpfte. In der Schlacht von Chancellorville (einem großen Sieg der Konföderierten in Virginia) wurde er am 2. Mai 1863 schwer verwundet. Nachdem er sich von seinen Wunden erholt hatte, nahm Hecker an den Schlachten in Tennessee teil. Obwohl Hecker 1871 die Vereinigung Deutschlands begrüßte und er 1873 einen triumphalen Heimatbesuch machte, war ihm klar, dass es die amerikanische Gesellschaft war, die es ihm ermöglichte, seine politischen Träume von einer freiheitlich-demokratischen Gesellschaft zu verwirklichen. Eine Rückkehr kam für ihn nicht mehr in Frage. CZM

Heckers Farm in Illinois, 1850
REISS-ENGELHORN-MUSEEN, MANNHEIM, FOTO: JEAN CHRISTEN

EMANUEL G. LEUTZE

GEBOREN AM
24.05.1816
IN SCHWÄBISCH GMÜND,
KÖNIGREICH WÜRTTEMBERG

AUSREISE IN DIE USA
1825
AUF DEM SEGELSCHIFF „WADE"

VERSTORBEN AM
18.07.1868
IN WASHINGTON, D.C.

Der Maler des republikanischen Traums

Emanuel Leutze verbrachte nur wenige Jahre in amerikanischen Schulen in Philadelphia. Er war 1825 im Alter von 9 Jahren mit seinen Eltern aus Schwäbisch Gmünd ausgewandert. Aber seine kurze amerikanische Ausbildung reichte aus, um ihm den Glauben einzuprägen, dass die Vereinigten Staaten von der Vorsehung dazu bestimmt seien, Freiheit und Demokratie auf dem gesamten nordamerikanischen Kontinent zu verbreiten und ein Modell für die Welt zu sein. Als Kunststudent an der Königlich-Preußischen Kunstakademie in Düsseldorf, wo er 1841-1842 studierte, war Leutze auch mit Hegelschen Geschichtsvorstellungen konfrontiert. Aber für Leutze war das belebende Prinzip der Geschichte „Freiheit", nicht Hegels „Geist".

Emanuel G. Leutze, „The Settlement of Maryland by Lord Baltimore", 1861 (Folgeseiten)
MARYLAND CENTER FOR CULTURE AND HISTORY, BALTIMORE

Paul Girardet, „Washington Crossing the Delaware“, 1853, nach dem Gemälde von Leutze
MUSEUM IM PREDIGER, SCHWÄBISCH GMÜND

Als Künstler vertrat Leutze die Überzeugung, dass Kunst den Betrachter sowohl lehren als auch inspirieren sollte. Viele seiner Gemälde zeigen historische Themen und Ereignisse. Er begann sein berühmtestes Gemälde „Washington Crossing the Delaware“ im Herbst 1849 in Düsseldorf, als die Revolution in Deutschland niedergeschlagen und die Reaktionäre die Kontrolle zurückerobert hatten. Die Botschaft des Bildes ist unzweideutig. „Die metaphorische Anwendung für Leutzes deutsches Publikum ist leicht zu entziffern: Die demoralisierten Revolutionäre von 1848, gefangen im engen Netz der Reaktion, konnten sich dennoch sammeln und ihre Niederlage überwinden, selbst ein Washington hatte die amerikanischen Soldaten aus der Verzweiflung zum Sieg geführt.“ (Groseclose 1975, 75)

Unabhängig davon, ob Leutzes Gemälde die Europäer inspirierte, fühlte sich das amerikanische Publikum stark von seiner Arbeit angezogen. Ein Kritiker in der New York Evening World kündigte an: „Wir zögern nicht, dieses Bild als das großartigste, majestätischste und wirkungsvollste Gemälde zu bezeichnen, das jemals in Amerika ausgestellt wurde […] Es ist der beste Kommentar zu den ‚Zeiten, die die Seelen der Menschen auf die Probe stellten‘, die wir je gesehen haben, und wir hoffen, dass es in jeder Stadt der Union ausgestellt wird, bis es von jedem Mann, jeder Frau und jedem Kind in der Union besucht und erneut besucht wurde in der Republik Washington.“ (Stehle 1964, 279–280)
Obwohl er insgesamt mehr Jahre in Europa als in den USA lebte und viele seiner wichtigsten Werke in Düsseldorf malte, wird Leutze von der Kunstwissenschaft stets als amerikanischer Künstler bezeichnet; auch er selbst verstand sich als Amerikaner. 1854 bewarb Leutze sich daher für den Auftrag, Räume im neu erweiterten Capitol-Gebäude in Washington, D.C., zu malen. In dem Vorschlag für ein Wandgemälde zum Thema „Westward the Course of Empire Takes Its Way“ (oder „Westward Ho“) artikulierte Leutze sein Verständnis von Amerikas Rolle in der Welt und im größeren Verlauf der Geschichte. Er schrieb: „Unsere Geschichte ist die Geschichte der Freiheit, die Geschichte einer sich seit mehr als drei Jahrhunderten abmühenden Welt. […] Wir suchen die Ursachen unserer Institutionen überall dort, wo es Unterdrückung gegeben hat, wo edle Männer die Kette eines Tyrannen zerrissen oder davor Zuflucht suchten, indem sie dem Ozean und einer unbekannten Wildnis trotzten.“ (zit. nach Truettner 1995, 59)
Als er den Auftrag für das Capitol tatsächlich erhielt, kehrte er 1859 nach 18 Jahren in Deutschland in die USA zurück. Neben den Wandgemälden widmete er sich auch mehreren Porträts und historischen Themen wie im Gemälde „The Settlement of Maryland by Lord Baltimore“ (1861).
Die erste Fassung von „Washington“ wurde im November 1850 bei einem Brand in Leutzes Atelier in Düsseldorf beschädigt. Mit dem Versicherungsgeld restaurierte Leutze das Gemälde und verkaufte es schließlich 1863 an die Bremer Kunsthalle. Leutze begann bereits 1851 mit einer Kopie des Werkes für den Pariser Kunsthändler Adolphe Goupil. Geschätzte 50.000 Menschen sahen dieses zweite Exemplar im Oktober 1851 im Stuyvesant Institute in New York, bevor es im Frühjahr 1852 in der Rotunde des Capitols ausgestellt wurde. Dieses Exemplar wurde 1851 von Goupil für 10.000 $ an den New Yorker Sammler und Dampfschiffmagnaten Marshall O. Roberts verkauft. Das Metropolitan Museum of Art in New York City erwarb diese Version 1897 als Geschenk. Die erste Version von „Washington“ verblieb in der Bremer Kunsthalle, wo sie am 5. September 1942 bei einem britischen Bombenangriff zerstört wurde. Eine dritte, kleinere Version von „Washington“ wurde 2022 von Christie‘s versteigert und befindet sich in Privatbesitz. CZM

FRANZ SIGEL

GEBOREN AM
18.11.1824
IN SINSHEIM, GROSSHERZOGTUM BADEN

AUSREISE IN DIE USA
1852
AUF DEM SEGELDAMPFER „WASHINGTON“

ANKUNFT NACH
15 Tagen
IN NEW YORK

VERSTORBEN AM
21.08.1902
IN NEW YORK CITY

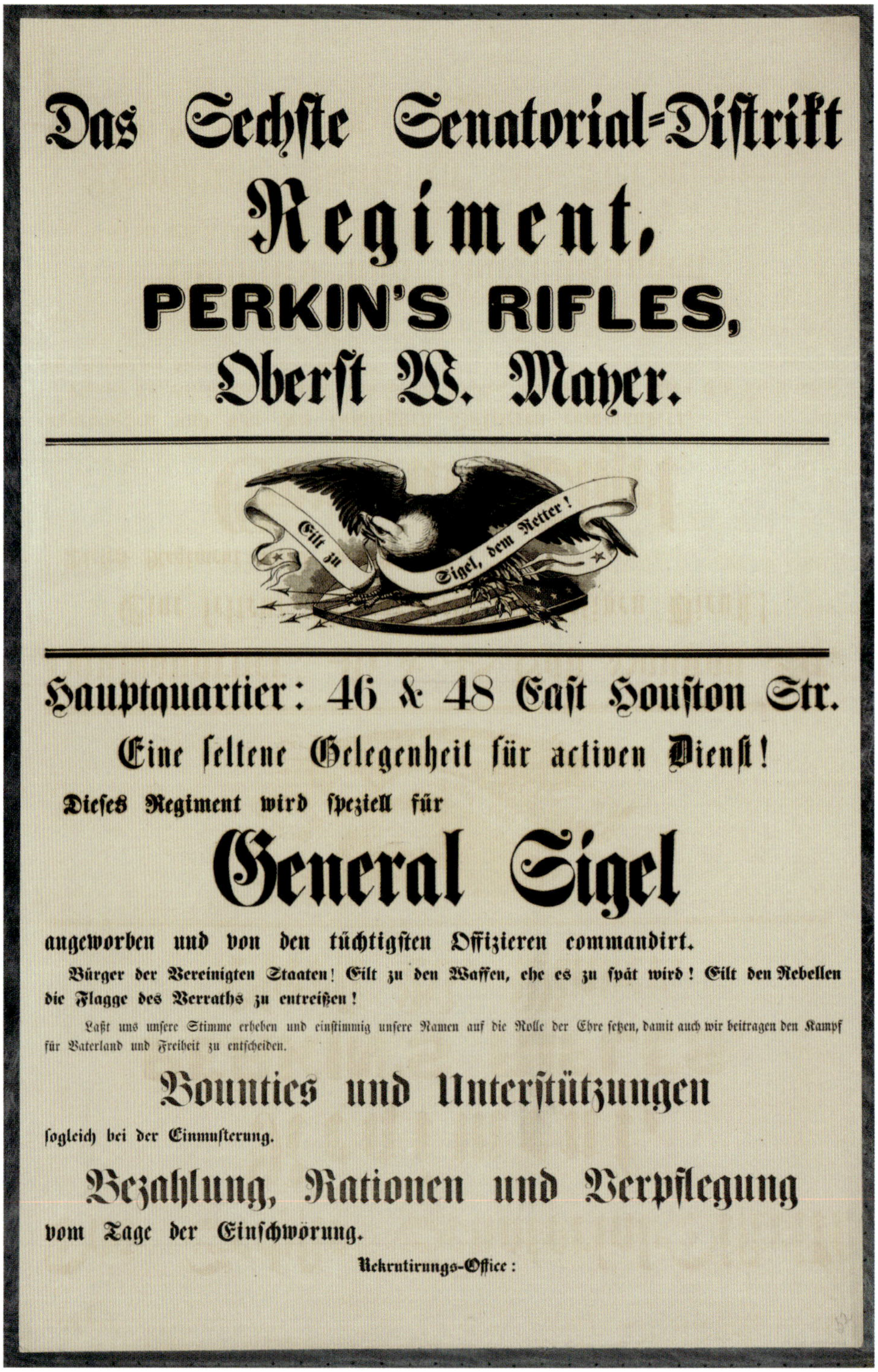

Anwerbeplakat für ein Sigel unterstehendes Regiment, 1862
PATRICIA D. KLINGENSTEIN LIBRARY, NEW-YORK HISTORICAL SOCIETY, NEW YORK

Deutsche Disziplin für amerikanische Freiheit

Der Karlsruher Kadett Franz Sigel stand 1848 vor der Wahl: Entweder verteidigte er das Großherzogtum Baden oder er schloss sich den Demokraten und der Revolution an. Sigel entschied sich für Letzteres. Als enger Verbündeter der radikalen Republikaner Friedrich Hecker und Gustav Struve beteiligte er sich im April 1848 an deren bewaffnetem Aufstand. Nach der Flucht des Großherzogs und dem vorläufigen Sieg der Revolution im Mai 1849 übernahm er im Alter von 24 Jahren das Kriegsministerium und zeitweilig das Oberkommando der revolutionären Armee in Baden. Die Revolutionsarmee war den preußischen Truppen unterlegen, aber Sigel half maßgeblich dabei mit, den erfolgreichen Rückzug der Armee und den rettenden Übergang der meisten Soldaten in die Schweiz zu organisieren. Sigel zog danach durch viele europäische Länder; schließlich setzte er nach England über. Überall, wo er sich aufhielt, vernetzte er sich mit deutschen Revolutionsflüchtlingen. Viele von ihnen wie Carl Schurz und Gustav Struve sollten später im Amerikanischen Bürgerkrieg an seiner Seite kämpfen.
In London lernte er auch im Jahr 1851 seine spätere Frau, Elsie Dulon, die Tochter des preußischen Revolutionärs Rudolph Dulon, kennen. Im Mai 1852 wanderte Sigel schließlich nach New York City aus, wo seine Eltern und seine Geschwister seit dem Zusammenbruch der Revolution 1849 wohnten.
Sigel war gut ausgebildet und sprach fließend Französisch, Italienisch sowie Englisch. Er arbeitete zunächst als Hauslehrer und unterrichtete im Turnverein Fechten. Im Januar 1854 heirateten Sigel und Elsie Dulon und Sigel begann, Mathematik, Sprachen und amerikanische Geschichte am von Dulon gegründeten Deutsch-Amerikanischen Institut (Feldner-Schule) zu unterrichten. Er war auch weiterhin im Turnverein in New York aktiv und trat als Major der Fünften New Yorker Miliz bei. 1856 wurde Sigel ein Anführer der neuen Republikanischen Partei in New York und ermutigte andere deutsche Einwanderer, die Anti-Sklaverei-Partei zu unterstützen. Im Sommer 1857 nahm Sigel eine Professur am Deutschen Institut in St. Louis an und engagierte sich auch dort sofort in der Anti-Sklaverei-Politik in Missouri. Als angesehene Führungspersönlichkeit in der deutschen Gemeinde wurde er zum örtlichen Superintendenten des öffentlichen Schulsystems von St. Louis ernannt.
Bei der Präsidentenwahl von 1860 gehörte Sigel zu denen, die viele deutsch-amerikanische Wähler erfolgreich davon überzeugten, dass sie Abraham Lincoln und die Republikanische Partei unterstützen sollten. Deutsch-Amerikaner waren die Hauptunterstützer von Lincoln in Missouri; die meisten Wähler des Staates bevorzugten hingegen Kandidaten, die für die Sklaverei eintraten. Zu Beginn des Bürgerkriegs 1861 war Missouri ein strategisch wichtiger Grenzstaat, tief gespalten zwischen Pro- und Anti-Sklaverei-Kräften und einer der wenigen Sklavenstaaten mit einer großen deutschen Einwanderergemeinschaft. Obwohl Missouri in der Union blieb, litt der Staat unter einem rücksichtslos geführten Guerillakrieg.

Werbepost mit Porträt Sigels, 1860er Jahre
PATRICIA D. KLINGENSTEIN LIBRARY, NEW-YORK HISTORICAL SOCIETY, NEW YORK

Sigel wurde zu Beginn des Krieges zum Oberst im 3. Missouri Infantry Regiment ernannt. Im Gefecht bei Carthage gelang ihm ein erfolgreicher Rückzug vor den überlegenen Kräften der Konföderation. Anfang August beförderte ihn Lincoln daraufhin zum Brigadegeneral. In der Schlacht von Wilson's Creek am 10. August 1861 motivierte Sigel zwar sein Regiment, aber mehrere Fehler ermöglichten den Konföderierten einen wichtigen Sieg und der größte Teil des südlichen Missouri blieb für den Rest des Krieges unter konföderierter Kontrolle. Trotz dieser Niederlage wuchs Sigels Popularität unter deutschen Einwander*innen, und seine Fähigkeit, Deutsche für die Unionsseite zu rekrutieren, wurde immer wichtiger. Das Lied „Ich kämpfe mit Sigel" war schnell im ganzen Land zu hören und deutsche Regimenter wurden in mehreren Staaten organisiert.
Nach dem Bürgerkrieg zog Sigel zunächst nach Baltimore, wo er eine deutschsprachige Zeitung herausgab. 1867 kehrte er nach New York City zurück, wo er als Zeichner für eine Hochbahngesellschaft arbeitete. In den 1890er Jahren arbeitete er wieder als Journalist und schrieb für deutsch- und englischsprachige Zeitungen. Sigel war auch weiterhin in der deutsch-amerikanischen und republikanischen Parteipolitik aktiv. Nachdem die Union die Bedrohung durch Sezession und Sklaverei überstanden hatte, musste sie reformiert werden. Trotz der vielen Fehler Amerikas glaubte Sigel weiterhin an Amerikas Rolle als Land der Freiheit und der Möglichkeiten. Er sagte: „… vergessen wir nicht, dass wir der Republik Treue geschworen haben, dass Tausende unserer Landsleute ihr Blut für die Verteidigung ihrer Einheit und Freiheit gegeben haben und dass wir amerikanische Bürger sind. Der Amerikanismus beurteilt einen Mann nach dem, was er ist, nicht nach seiner Blutsabstammung." (Engle 1993, 228) CZM

FRANZ GRÄTER

GEBOREN AM
09.06.1797
IN ÖHRINGEN, FÜRSTENTUM HOHENLOHE-ÖHRINGEN

AUSREISE IN DIE USA
1826
AUF DEM SEGELSCHIFF „DESDEMONA"
VON LE HAVRE

VERSTORBEN AM
30.07.1861
SCHWÄBISCH HALL, KÖNIGREICH WÜRTTEMBERG

Trunkener Träumer

„Und ist es denn wirklich wahr? Da schwimme ich über das untergegangene Atlantis. Es ist wie ein Traum – und wie ein Traum sind mir die 195 Monate republikanischen Neu-Welt-Lebens", notierte Franz Gräter im Herbst 1842 auf dem Schiff zurück nach Europa. Seine Abreise aus New York kam einer Flucht gleich. Offenbar war Gräter nicht mehr in der Lage gewesen, seine Frau und die drei kleinen Söhne Albert, Benignus und Immanuel zu ernähren. Er unterschlug einen Vorschuss, den er für eine Übersetzungsarbeit bekommen hatte, und reiste im Vertrauen auf die 1841 vom württembergischen König erlassene Amnestie zurück in die alte Heimat (AK Gräter 1997, 19).
Auch die erste Fahrt über den Atlantik nach Westen im Jahr 1826 hatte Gräter nicht ganz freiwillig angetreten. Wegen seiner Mitgliedschaft im radikaldemokratischen Tübinger „Jünglingsbund" war er 1825 zu vier Jahren Festungshaft verurteilt worden (StAL, E 319, Bü 1-3). 1826 wurde er vorzeitig entlassen, wohl mit dem Versprechen, dann auszuwandern. Die Abschiebung politisch unliebsamer Personen nach Amerika galt in der ersten Hälfte des 19. Jahrhunderts als probates Mittel „zur Ableitung des Gärstoffs" (so der Göttinger Geograph Ernst Brauns 1827, zit. nach Klemke 1994, 19). Albert Schott, der Rechtsbeistand der Jünglingsbündler, hatte 1825 bei dem nach Amerika emigrierten Friedrich List vorgefühlt, „ob es rätlich ist, daß unsere Freunde das Vaterland verlassen". Er befürchtete allerdings, daß sie „sich schlecht fortbringen werden in der Neuen Welt", weil sie „bloß wissenschaftliche, keine merkantilische Bildung haben" (zit. nach Klemke 1994, 71). Eine Antwort Lists ist nicht überliefert.
Für Gräter ließ sich das „republikanische Neu-Welt-Leben" anfänglich gut an. Er konnte auf ein etabliertes Netzwerk zurückgreifen. Gleich nach seiner Ankunft vermittelte ihm der Gründer des Jünglingsbunds, Karl Follen, eine Stelle an der „Round Hill School" in Northampton. Bald danach holte er Gräter nach Boston (Forssmann 2018, 7). Dort fand dieser rasch Zugang zur akademischen Elite. Er verdiente Geld als Zeichenlehrer, Deutschlehrer und Illustrator. Mit Karl Follen und Karl Beck, zwei Schülern des „Turnvaters" Friedrich Jahn, versuchte er, die patriotische Turnbewegung in den USA zu etablieren. Sie errichteten einen Turnplatz in Harvard, Beck übersetzte und Gräter illustrierte Jahns „Deutsche Turnkunst". Doch die Amerikaner fanden das Turnen zu anstrengend und langweilig. Erst nach der Immigration vieler Turner nach dem Scheitern der Revolution 1848/49 fasste die Turnbewegung in den USA Fuß (Hofmann 2001, 100f.). In Boston schloss sich Gräter der Religionsgemeinschaft der Swedenborgianer an. Wohl durch den Swedenborgianer Ralph Waldo Emerson lernte Gräter dessen Schwager, den Arzt, Chemiker und Mineralogen Charles Thomas Jackson, kennen. 1835/36 begleitete er Jackson als dokumentarischer Zeichner auf eine Expedition ins nördliche Maine. Maine war 1820 als 23. Bundesstaat in die Union aufgenommen worden und war noch nicht kartiert. Jackson sollte eine erste Aufnahme seiner Geographie und Ressourcen liefern. In Boston verliebte sich Gräter in Elizabeth Goodwin, die als Nachfahrin der „Pilgerväter" zum „amerikanischen Uradel" zählte. Die beiden heirateten 1834. 1835 und 1838 wurden die ersten beiden Söhne

Von Gräter illustrierter Atlas von Maine, 1837
HAUS DER GESCHICHTE BADEN-WÜRTTEMBERG

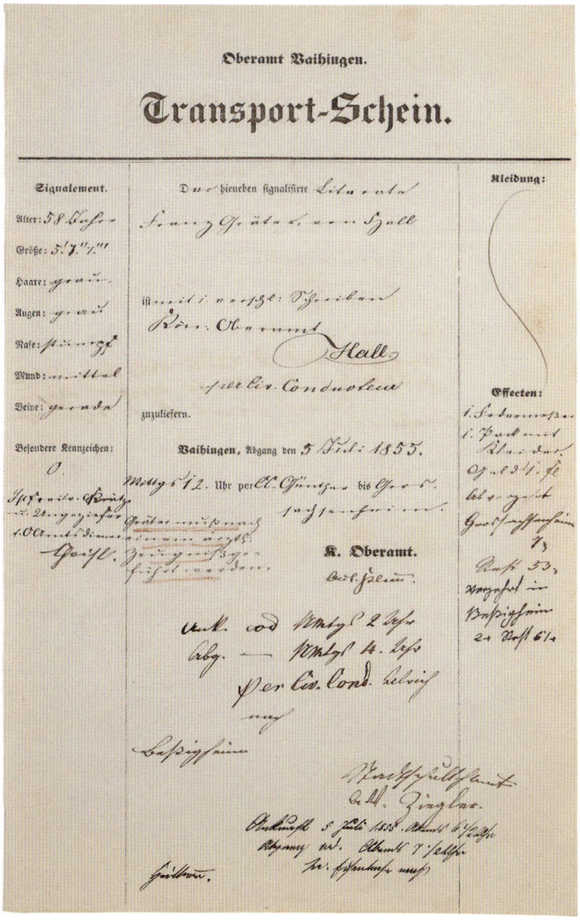

Oberamt Vaihingen.

Transport-Schein.

Signalement.
Alter: 58 Jahre
Größe:
Haare:
Augen:
Nase:
Mund:
Beine:
Besondere Kennzeichen:

Der hieneben signalisirte ...
Franz Gräter von Hall
ist ...
Hall
zuzuliefern.

Vaihingen, Abgang den 5 Juli 1855.

K. Oberamt.

Kleidung:

Effecten:

Abschiebung Gräters ins Arbeitshaus, 5. Juli 1855
STADTARCHIV SCHWÄBISCH HALL

geboren. 1839 zog die junge Familie nach New York. Angeblich während seiner Haft auf dem Hohenasperg war Gräter dem Alkohol verfallen. Die Rückkehr nach Deutschland löste dieses Problem nicht, im Gegenteil. Auf der Schiffsreise hatte Gräter während eines heftigen Sturms in Todesangst gelobt, sich ganz der Ausbreitung des Swedenborgianismus zu widmen. Eine hoffnungslose Mission, die nur zu Frustration führte. Es gelang Gräter nicht, in Württemberg wieder Fuß zu fassen. Weil er sich „bald dem Müßiggang und Trunk ergeben" zeigte, schob ihn die Stadt Stuttgart in sein heimisches Schwäbisch Hall ab (HStAS, E 146 Bü 8486). Freunde sammelten Geld, um wenigstens seinen Söhnen eine gute Erziehung im „Knabeninstitut" Korntal zu ermöglichen. In Schwäbisch Hall verdingte sich Gräter zeitweise als Sprachlehrer, kam aber vom Alkohol nicht los und verwahrloste zusehends. In der Revolution 1848/49 lebte Gräter kurz auf. Nach ihrem Scheitern verfiel er immer mehr dem Trunk. Trotzdem bekamen die Gräters noch fünf weitere Kinder. 1855 wurde er für zwei Monate in die Beschäftigungsanstalt in Vaihingen gesperrt. Er starb völlig verarmt. Seine Frau und Kinder lebten von Fürsorge. FD

LAND DER RETTUNG

Nach der Machtübernahme der Nationalsozialisten am 30. Januar 1933 wurde das Leben in Deutschland für viele Menschen unerträglich. Regimegegner*innen wurden öffentlich gedemütigt, inhaftiert und gefoltert. Jüdinnen und Juden wurden schrittweise aus der „Volksgemeinschaft“ verdrängt. Berufsverbote, Boykotte und Sondersteuern zielten auf die Vernichtung ihrer wirtschaftlichen Existenz, Diskriminierung und Entrechtung auf die ihres bürgerlichen und kulturellen Lebens (Barkai 2006, 15-17). Mit den Pogromen vom 7. bis zum 10. November 1938 erreichte der Antisemitismus eine neue Dimension der Gewalt. 1.406 Synagogen, 177 Wohnhäuser und bis zu 7.500 jüdische Geschäfte wurden zerstört, 30.756 Juden in Konzentrationslager verschleppt, etwa 1.500 Jüdinnen und Juden getötet (Gross 2013, 45). Emigration war zwar erwünscht. Doch bis 1937 verließen nur rund 130.000 Jüdinnen und Juden Deutschland, denn Auswanderung war schwierig. Zum einen blockten die möglichen Zufluchtsländer zunehmend die Einreise ab. Auf der Konferenz von Évian im Juli 1938 erklärte sich von 32 Teilnehmerstaaten nur die Dominikanische Republik dazu bereit, vermehrt jüdische Flüchtlinge aufzunehmen. Zum anderen beraubten die Nationalsozialisten die Auswanderungswilligen ihrer finanziellen Ressourcen. 25 Prozent des Vermögens wurden aufgrund der schon 1931 eingeführten Reichsfluchtsteuer fällig. Ab Oktober 1934 durften die Auswandernden nur noch Reisedevisen bis zu zehn Reichsmark mitnehmen. Mobiles Vermögen beschlagnahmten die nationalsozialistischen Finanzämter mit fadenscheinigen Devisenverfahren. Einkünfte aus Renten und Pensionen, Versicherungszahlungen und Dividenden durften nicht ins Ausland transferiert werden. Das Geldvermögen musste auf ein „Sperrmark-Konto“ eingezahlt werden. Ein Devisenumtausch war nur über die Deutsche Golddiskontbank mit hohen Abgaben möglich. Sie stiegen von rund 20 Prozent im Januar 1934 auf 96 Prozent im September 1939 (Bajohr 2000, 21). Im Juli 1941 zwangen die Nationalsozialisten die USA, alle Konsulate im deutschen Machtbereich zu schließen. Damit war es unmöglich, Visa zu beantragen. Ab November 1941 wurde allen Jüdinnen und Juden, die im Ausland lebten, die deutsche Staatsangehörigkeit entzogen und ihre Vermögen eingezogen. Grenzübertritte waren nicht mehr möglich – außer im Deportationszug in die Arbeits- und Vernichtungslager.

Seit 1924 galt für die Einwanderung in die USA ein nationales Quotensystem. Die Judenverfolgung der deutschen Nationalsozialisten änderte nichts daran. Die deutsche Quote nach diesem Gesetz betrug 25.957 (ab 1938 nach dem „Anschluss“ Österreichs 27.370), aber es wurden keine besonderen Privilegien für jüdische Deutsche gewährt. Obwohl 1933 82.787 Personen auf der deutschen Warteliste für ein US-Visum standen, stellten die USA in diesem Jahr nur 1.241 Visa an Deutsche aus. Im Jahr 1938 beantragten etwa 300.000 Deutsche – mit ziemlicher Sicherheit die meisten von ihnen von den Nationalsozialisten als jüdisch identifiziert – die Einwanderung in die USA, aber nur 19.552 Visa wurden erteilt. Erst 1939 wurde die deutsche Quote für Visa vollständig erfüllt. Ausgenommen von den Quoten waren seit 1933 Wissenschaftler mit Arbeitsvertrag, seit 1940 gab es

Insgesamt gelang rund 140.000 Jüdinnen und Juden aus Deutschland und Österreich die Flucht in die USA.

ein Special Emergency Visum für Künstler*innen, Schriftsteller*innen und andere Prominente (AK Heimat und Exil 2006, 178). Natürlich freuten sich die Geflüchteten, endlich in Freiheit und Sicherheit zu sein. Doch der Neubeginn in den USA war keineswegs einfach. Deutsche Berufsabschlüsse wurden nicht anerkannt. Arbeit war ohne Englischkenntnisse schwer zu finden. Die ständige Sorge um in Europa verbliebene Angehörige verdüsterte das Leben. Das Schicksal der aus Laupheim stammenden erfolgreichen Ärztin Hertha Nathorff ist kein Einzelfall: Während ihr Mann Erich fürs Staatsexamen paukte, um wieder als Arzt zugelassen zu werden, verdiente sie den Lebensunterhalt für die Familie als Haushaltshilfe und Krankenschwester. Später arbeitete sie als Sprechstundenhilfe in der Praxis ihres Mannes. Sie resümierte ernüchtert: „Hätte ich geahnt, was mir hier alles widerfahren würde, ich wäre lieber ins Meer gesprungen mit Mann und Kind.“ (zit. nach Backhaus-Lautenschläger 1991, 255)

Nach Kriegsende blieb die Einwanderung in die USA für Überlebende des Holocaust schwierig. Zunächst hatten sich die USA bereit erklärt, 40.000 sogenannte Displaced Persons aufzunehmen. Mit dem Displaced Persons Act von 1948 wurde die Quote auf 205.000 DPs erhöht, allerdings galt das nur für Personen, die sich vor dem 22. Dezember 1945 in Deutschland, Österreich oder Italien aufgehalten hatten. Die Neuankömmlinge fühlten sich von den Sozialarbeiter*innen oft unverstanden. Aus Sorge, eine große Zahl ärmlicher osteuropäischer Juden werde Antisemitismus in den USA schüren, sollten die Einwander*innen möglichst gleichmäßig auf alle Staaten verteilen werden. Die meisten wollten aber in der Nähe von Verwandten oder Bekannten an

der Ostküste bleiben. Die Hilfsorganisationen hatten wenig Geld und erwarteten von ihren Schützlingen, dass sie möglichst rasch ihren Lebensunterhalt selbst verdienten. Diese waren aber oft körperlich oder seelisch krank, hatten keine Schulen besuchen können und sprachen kein Englisch. Die Sozialarbeiter*innen waren mit den unvorstellbar schrecklichen Geschichten überfordert und hielten die Hilfesuchenden für unkooperativ (Cohen 2007, 148).
Dennoch gelang den meisten Holocaust-Überlebenden langfristig die Integration in die amerikanische Gesellschaft (Helmreich 1996). FD

Freiheitstatue, in: Über Land und Meer 35, 1876, S. 372

GEBOREN AM
03.01.1919
IN HEIDELBERG, REPUBLIK BADEN

AUSREISE IN DIE USA
1941
AUF DEM FRACHTDAMPFER SS „NAVEMAR“ VON SEVILLA

ANKUNFT NACH
36 Tagen
IN NEW YORK

VERSTORBEN AM
31.12.2002
IN SANTA BARBARA, CALIFORNIA

KLAUS LIEBHOLD

Flucht ins Wunderland der Moderne

„Ich wollte schon immer in die USA. Die Vereinigten Staaten waren für mich ein Land voller Wunder, voller faszinierender Dinge, über die ich in Büchern gelesen hatte, wie Wolkenkratzer; und man hatte mir erzählt von der Pennsylvania Turnpike, einer Straße nur für Autos, ohne Kreuzungen! Toll! Solche Sachen beeindruckten mich, und ich dachte, das ist ein Land in dem man fast alles machen kann, was man will“, erzählte der 73-jährige Klaus Liebhold im Interview für das Oral History Project des Ellis Island Immigration Museum (U.S. National Park Service, Statue of Liberty National Monument, Ellis Island Oral History Collection). Auf abenteuerlichen Wegen gelang ihm 1941 die Flucht in sein Traumland. Hinter sich ließ er einen Alptraum. Liebhold stammte aus einer jüdischen Tabakwaren-Dynastie in Heidelberg. Sein Vater war der Tabakfabrikant Michael Liebhold, die Mutter die Bruchsaler Tabakhändlerstochter Mally Marx. Es war eine arrangierte Ehe. Die wichtigste Bezugsperson für die drei Kinder war die Kinderfrau Käthe. Für Mallys aufwendigen Lebensstil hatte Michael weder Verständnis noch Geld übrig, weshalb sie ab 1930 Pensionsgäste aufnahm, vor allem Gastprofessoren oder befreundete jüdische Familien. Die Liebholds waren nicht besonders religiös. Der antisemitische Hass im nationalsozialistischen Deutschland traf die vorher angesehene Familie unvorbereitet. Um den jüngsten Sohn Klaus vor Mobbing zu schützen, schickten ihn die Eltern Mitte der 1930er Jahre auf ein Internat in die Schweiz. Die beiden älteren Geschwister konnten nach Kalifornien auswandern. Michael Liebhold starb im Dezember 1938 an den Folgen von Misshandlungen im KZ Dachau. Mally Liebhold, mittlerweile zur Psychoanalytikern ausgebildet, gelang die Flucht zunächst nach Holland, dann nach Palästina, wo sie in Depressionen versank und sich 1945 das Leben nahm. Klaus Liebhold saß nach Abschluss der Schule in der Schweiz fest.

Familie Liebhold in Westerland auf Sylt, 1921
PETER LIEBHOLD, COLUMBIA

Luftwaffen-Uniformjacke von Klaus Liebhold, 1943–1945
PETER LIEBHOLD, COLUMBIA

Reiseplan der Firma Danzas, Juni 1941
PETER LIEBHOLD, COLUMBIA

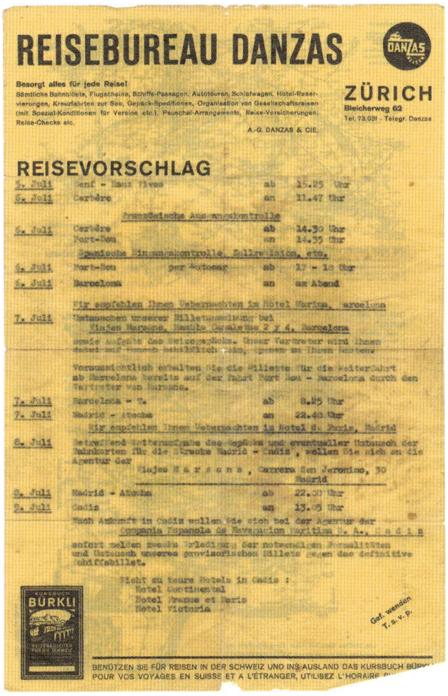

REISEBUREAU DANZAS

DANZAS

Besorgt alles für jede Reise!
Sämtliche Bahnbillete, Flugscheine, Schiffs-Passagen, Autotouren, Schlafwagen, Hotel-Reservierungen, Kreuzfahrten zur See, Gepäck-Speditionen, Organisation von Gesellschaftsreisen (mit Spezial-Konditionen für Vereine etc.), Pauschal-Arrangements, Reise-Versicherungen, Reise-Checks etc.

A.-G. DANZAS & CIE.

ZÜRICH
Bleicherweg 62
Tel. 73.031 · Telegr. Danzas

REISEVORSCHLAG

5. Juli	Genf - Eaux Vives		ab	15.25 Uhr
6. Juli	Cerbère		an	11.47 Uhr
	Französische Ausreisekontrolle			
6. Juli	Cerbère		ab	14.30 Uhr
	Port-Bou		an	14.35 Uhr
	Spanische Einreisekontrolle, Zollrevision, etc.			
6. Juli	Port-Bou	per Autocar	ab	17 - 18 Uhr
6. Juli	Barcelona		an	am Abend

[illegible]

7. Juli	Barcelona - T.	ab	8.25 Uhr
7. Juli	Madrid - Atocha	an	22.40 Uhr

[illegible]

8. Juli	Madrid - Atocha	ab	22.30 Uhr
9. Juli	Cadiz	an	13.45 Uhr

[illegible]

Hotel Continental
Hotel France et Paris
Hotel Victoria

Gef. wenden
T. s. v. p.

BÜRKLI

BENÜTZEN SIE FÜR REISEN IN DER SCHWEIZ UND INS AUSLAND DAS KURSBUCH BÜRK[LI]
POUR VOS VOYAGES EN SUISSE ET A L'ÉTRANGER, UTILISEZ L'HORAIRE [...]

Im Frühjahr 1940 wurde er wie alle arbeitsfähigen jüdischen Geflüchteten in ein Arbeitslager eingezogen und musste im Tessin Land urbar machen. Seine Geschwister bemühten sich lange Zeit vergeblich, ihm ein Visum für die USA zu beschaffen. Nur dank der Intervention eines entfernten Bekannten beim Vorsitzenden des Auswärtigen Ausschusses im Kongress erhielt Liebhold im Frühjahr 1941 das ersehnte Einreisedokument. Damit waren die Probleme keineswegs gelöst: „Wie um alles in der Welt sollte ich aus der Schweiz rauskommen? Die Schweiz war umgeben von entweder richtigen Nazi-Ländern oder von besetzten Ländern. [...] Aber die Schweizer Regierung hat mit den Deutschen verhandelt, dass sie ein paar Züge durchlassen, durch Frankreich, damit sie, die Schweizer, ein paar Leute loswerden konnten. Ich hatte Glück, dass ich einen solchen Zug bekam.“ Mehr als 400 Dollar musste Liebhold für die vom erfahrenen Auswanderungsreisebüro Danzas organisierte Ausreise zahlen. Die Geschwister in den USA verkauften dafür wertvolle Bücher aus der Sammlung des Vaters. Klaus ergatterte einen der umkämpften Plätze auf dem Frachtschiff SS „Navemar“, das das American Jewish Joint Distribution Committee gechartert hatte, um jüdische Flüchtlinge aus Europa zu retten. „Es war ein Frachter, der dafür eingerichtet war, 18 Passagiere zu beherbergen. Und jetzt waren 1.300 Leute drauf gebucht. Die Unterbringung war dementsprechend mies“, erzählte Liebhold. Auf dem überfüllten Schiff brach Typhus aus. Auch Liebhold erkrankte und musste für einige Tage auf Ellis Island in Quarantäne. Ein halbes Jahr nach seiner Ankunft in den USA wurde er eingezogen. Zunächst sollte er Flugzeugmechaniker werden. Aber er war besser als Dolmetscher geeignet. Seine Aufklärungseinheit flog den nach Deutschland vorstoßenden Truppen hinterher. Liebhold vernahm deutsche Offiziere und versuchte, von ihnen versteckte Dokumente aufzuspüren. Unterlagen zur Atomforschung konnte sein Team heimlich den Sowjets entwenden. Nach dem Krieg arbeitete Liebhold für verschiedene militärische Dienstleister in den USA. Bei dem Think Tank RAND Corporation betreute er zunächst einen aus Deutschland emigrierten Raumfahrtspezialisten. Später arbeitete er bei General Electric im Projekt TEMPO (Technical Military Planning Operation) beispielsweise an Verschlüsselungstechnologien. Er sorgte dafür, dass die Spezialisten aus verschiedenen Fachgebieten einander verstanden. Liebhold hatte es im Traumland Amerika zu etwas gebracht. Aber seine Söhne beschreiben ihn als „sehr unglücklich, er war traumatisiert. Dass ihn sein bester Schulfreund in Heidelberg verraten hatte, ließ ihn zeitlebens nicht mehr los.“ (Interview mit Andrew und Peter Liebhold, 05.10.2022) FD

GEBOREN AM
31.12.1921
IN CRAILSHEIM, VOLKSSTAAT WÜRTTEMBERG

AUSREISE IN DIE USA
1946
AUF DEM FRACHTDAMPFER SS „WILLIAM H. PRESCOTT“ VON ANTWERPEN

ANKUNFT NACH
16 Tagen
IN NEW YORK

VERSTORBEN AM
10.10.2016
IN ROSS, CALIFORNIA

ARNOLD WOCHENMARK

Überlebens-Versicherer

„Für mich war Europa abgeschlossen, ein Friedhof.“ 1945 stand für Arnold und Johanna Wochenmark fest: Sie wollten in die USA auswandern (Ulmer 1995, 331). Arnolds Bruder Alfred, dem schon 1937 die Ausreise in die USA gelungen war, bürgte. Doch es dauerte noch mehrere Monate, bis sie alle nötigen Papiere beisammenhatten. Zwar erhielten die beiden dank Arnolds Hartnäckigkeit schon im Oktober 1945 die Einreisevisa, doch

Tefillin von Arnolds Vater Josef Wochenmark, 1894
STADTMUSEUM TÜBINGEN

Plakette der West Coast Life Insurance, 1961
STADTMUSEUM TÜBINGEN

dann brauchten sie als Staatenlose einen besonderen Ausweis und vor allem eine Schiffspassage. Auf gut Glück reisten Arnold und die im fünften Monat schwangere Johanna Wochenmark von Basel nach Antwerpen, in der Hoffnung, eine Passage auf einem rückreisenden Truppentransporter zu ergattern. Das glückte. Am 2. März 1946 erreichten sie an Bord des Frachters „SS William H. Prescott" New York.

Arnold Wochenmarks Vater Josef Wochenmark aus Rozwadow/Galizien war von 1925 bis 1934 Kantor der jüdischen Gemeinde in Tübingen, dann wurde er nach Schwäbisch Gmünd versetzt. Seine Mutter Bella, geb. Freudenthal, stammte aus Gotha.
Nach der Machtübernahme der Nationalsozialisten wurde das Leben für Juden in Tübingen unerträglich. Arnolds Bruder Alfred setzte sich schon im Sommer 1933 zum Onkel nach Basel ab und begann dort eine Schreinerlehre. 1937 bot sich eine seltene Gelegenheit für den 15-jährigen Arnold. Der Onkel hatte eine Lehrstelle in seiner koscheren Bäckerei zu besetzen und die Erlaubnis der Stadt Basel erhalten, einen Lehrling aus dem Ausland anzulernen. Die Eltern wollten, dass Arnold die Schule abschloss. Doch er sagte dem Onkel zu und reiste im Juli 1937 legal in die Schweiz ein. Das rettete ihm das Leben. Als er 1941 seine Eltern nachholen wollte, wurde das Gesuch lapidar abgewiesen: „Die Zureise ist zurzeit nicht erwünscht." (Staatsarchiv Basel-Stadt, PD-REG 3a 26878) Von 1940 bis 1943 war Josef Wochenmark der letzte Rabbiner von Stuttgart. Nach Erhalt des Deportationsbefehls 1943 nahm er sich das Leben. Bella unternahm ebenfalls einen Selbstmordversuch, überlebte diesen und wurde in Auschwitz ermordet. Alfred hatte vermutlich die Tefillin (Gebetsriemen) seines Vaters in die USA mitgenommen. Auf den beiden Textiltaschen, in denen die Tefillin aufbewahrt wurden, sind in hebräischen Lettern die Initialen J R W und die Jahreszahl 5654 (1894) aufgestickt – das Jahr von Josef Wochenmarks Bar Mitzwah.
Nach Abschluss der Bäcker- und anschließenden Konditorlehre lebte Arnold in der ständigen Furcht vor Abschiebung. Von Juli 1941 bis September 1942 musste er als Insasse des Arbeitslagers Schauenburg Straßen bauen. Danach hielt er sich mit Koch-Volontärsstellen beispielsweise im Hotel „Drei Könige" über Wasser. Am 16. März 1945 heiratete er Johanna Braunschweig. Die Tochter eines jüdischen Viehhändlers aus Efringen-Kirchen hatte 1942 aus dem besetzten Besançon nach Basel zu ihrer Schwester fliehen können, der Schwiegertochter von Arnolds Bäcker-Onkel. Zusammen mit Arnold hatte sie jeden Donnerstagabend Englisch gebüffelt. „Amerika war die große Hoffnung" - die sich erst nach Kriegsende erfüllte (Ulmer 1995, 330).
In den USA fand der gelernte Bäcker und Konditor zunächst Arbeit als Pralinenhersteller. Von 1947 bis 1954 leitete er eine Dependance der Pralinenfabrik Nestlé in San Francisco. Doch mit dem Verkauf von Versicherungen ließ sich mehr Geld verdienen. 1955 wechselte Arnold Marque, wie er sich nun nannte, zur West Coast Life Insurance. Sohn Jeffrey beschreibt ihn als geborenen Verkäufer und als workaholic. Er erhielt über hundert Auszeichnungen als herausragender Verkäufer (StadtM Tübingen, Interview mit Jeffrey Marque, 07.11.2018). In rascher Folge bekam das Ehepaar Marque drei Kinder und kaufte ein Reihenhaus im Stadtteil Sunset in San Francisco. Den amerikanischen Traum vom guten Job und eigenem Heim hatten sie sich erfüllen können. Den Glauben an Gott hatten sie im Holocaust verloren, doch sie fühlten sich ethnisch jüdisch. Nach Alfreds Tod erbte Jeffrey Wochenmark die Tefillin des Großvaters. Er schenkte sie dem Stadtmuseum Tübingen. FD

OFFEN FÜR ALLE?

Acht Jahre nach ihrer Einwanderung wurde Katharina Veit US-Amerikanerin. Als Einwandererland förderten die USA Einbürgerung. Seit 1802 konnten legale Einwander*innen nach fünfjährigem Aufenthalt die Staatsbürgerschaft erwerben. Im 19. Jahrhundert konnten nur Einwanderer aus Europa Staatsbürger werden; Frauen erwarben die Staatsbürgerschaft durch Heirat mit einem US-Bürger. Erst seit 1922 können sie ihre Nationalität selbst beantragen. Asiat*innen durften erst ab 1952 US-Staatsbürger*innen werden.

Welche Nachricht hätte Katharina Veit in der Familien-WhatsApp geschickt?

#EINBÜRGERUNG

KATHARINA VEIT

GEBOREN AM
16.12.1868
IN ALBERSWEILER, KÖNIGREICH BAYERN

AUSREISE IN DIE USA
1946
AUF DEM FRACHTSCHIFF „JOEL CHANDLER HARRIS“ VON MARSEILLE

VERSTORBEN AM
18.09.1958
IN LARCHMONT, NEW YORK

FAMILIE VEIT KATHARINA VEIT

Durch Verfolgung zerstreut

Julius Veit führte ein erfolgreiches Immobilienbüro in Freiburg im Breisgau. Der jüdische Veteran des Ersten Weltkrieges lebte zusammen mit seiner Frau Katharina und fünf Kindern in der Kaiserstr. 124 in der Nähe des Stadtzentrums. Nach der Machtübernahme der Nationalsozialisten 1933 zerstreute sich die Familie über die ganze Welt, um der antisemitischen Verfolgung zu entgehen. Julius Veits Sohn Hubert emigrierte 1933 nach Palästina, sein Sohn Konrad und dessen Familie flohen 1933 von Stuttgart zunächst nach Kolumbien und 1938 in die USA. Seine Tochter Anneliese „Liesel“ ging 1933 zunächst nach Barcelona und 1936 nach Palästina. Deren Schwester Margarete „Gretel“ und ihr Sohn Peter konnten schließlich 1938 in die USA auswandern, wo bereits Verwandte wohnten. Nur die älteste Tochter Antonie „Toni“ blieb in Freiburg, um ihre Eltern pflegen zu helfen.

Jüdische Deutsche wie die Veits standen sowohl bei der Auswanderung aus Deutschland als auch bei der Einwanderung in die USA vor erheblichen Hürden. Auf deutscher Seite wurde die ursprünglich 1931 eingeführte Reichsfluchtsteuer, mit der die Kapitalflucht eingedämmt werden sollte, durch eine Neufassung 1934 zur Ausplünderung jüdischer Migrant*innen eingesetzt. Zusammen mit zahlreichen weiteren Regelungen konnte so das Eigentum von jüdischen Deutschen beschlagnahmt werden, die versuchten, das Land zu verlassen. Auf amerikanischer Seite hatten die USA in den 1920er Jahren ein Einwanderungsregime eingeführt, das von Einwander*innen verlangte, ein Visum von einem amerikanischen Konsulat in ihrem Heimatland zu erhalten, bevor sie in die USA einreisen durften. Zusätzlich war die Anzahl der Visa drastisch begrenzt und anhand einer Quotenformel für jedes Herkunftsland festgelegt worden. Westeuropäische Länder wie Deutschland wurden dadurch zunächst begünstigt. Ein langwieriger und komplizierter bürokratischer Prozess verursachte jedoch leicht Terminüberschreitungen und führte damit zur Ablehnung von Antragsteller*innen. Ein zentrales Kriterium für ein Visum war der Nachweis, dass die Person keine öffentliche Finanzhilfe brauchen würde – was für jüdische Deutsche eine absurde Falle bedeutete, da ihr vorhandenes Eigentum vom NS-Regime gestohlen wurde.

1938 waren nur 153.774 Visa für potenzielle Einwander*innen in die USA erhältlich, Deutschland hatte eine Quote von 25.957. Als geschiedene alleinerziehende Mutter, die bei ihren Eltern wohnte, musste Gretel einen Sponsor in den USA finden, der schwor, dass er sie unterstützen würde. Im Fall von Gretel war dies vermutlich ihr Onkel Benjamin Weil oder ihr Cousin Howard Veit in New York. Einwanderer*innen mussten auch ein Passagierschiffsticket haben und von einem amerikanischen Konsul befragt werden. Gretel und Peter gehörten zu den wenigen Glücklichen, die Visa erhielten. Sie verließen am 29. April 1938 Deutschland und reisten über die Schweiz und Frankreich nach England. Von Southampton fuhren sie per Schiff nach New York, wo sie am 16. Mai 1938 ankamen. In den USA arbeitete Gretel wie in Deutschland als Masseurin. Am 13. April 1944 wurde sie US-Staatsbürgerin. Sie anglisierte

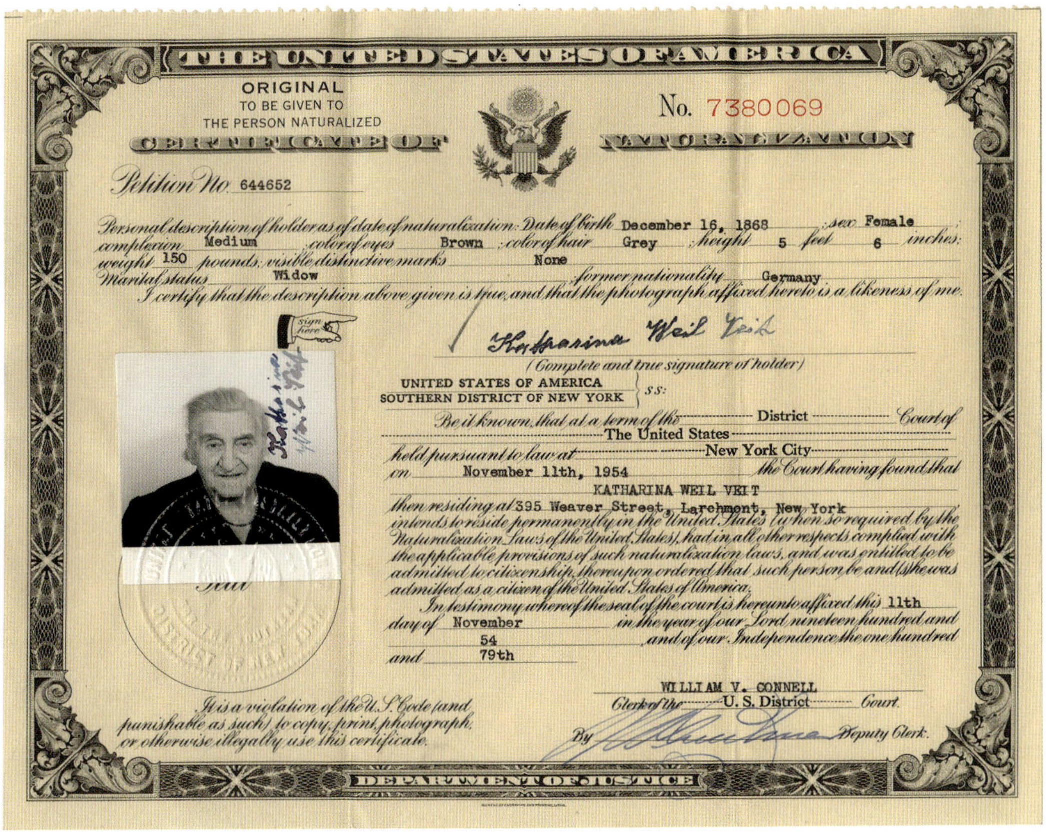

THE UNITED STATES OF AMERICA

ORIGINAL
TO BE GIVEN TO
THE PERSON NATURALIZED

No. 7380069

CERTIFICATE OF NATURALIZATION

Petition No. 644652

Personal description of holder as of date of naturalization: Date of birth December 16, 1868 sex Female complexion Medium color of eyes Brown color of hair Grey height 5 feet 6 inches; weight 150 pounds; visible distinctive marks None
Marital status Widow former nationality Germany
I certify that the description above given is true, and that the photograph affixed hereto is a likeness of me.

Katharina Weil Veit
(Complete and true signature of holder)

UNITED STATES OF AMERICA
SOUTHERN DISTRICT OF NEW YORK ss:

Be it known, that at a term of the District Court of The United States held pursuant to law at New York City on November 11th, 1954 the Court having found that KATHARINA WEIL VEIT then residing at 395 Weaver Street, Larchmont, New York intends to reside permanently in the United States (when so required by the Naturalization Laws of the United States), had in all other respects complied with the applicable provisions of such naturalization laws, and was entitled to be admitted to citizenship, thereupon ordered that such person be and (s)he was admitted as a citizen of the United States of America.

In testimony whereof the seal of the court is hereunto affixed this 11th day of November in the year of our Lord nineteen hundred and 54 and of our Independence the one hundred and 79th

WILLIAM V. CONNELL
Clerk of the U.S. District Court.
By ... Deputy Clerk.

It is a violation of the U.S. Code (and punishable as such) to copy, print, photograph, or otherwise illegally use this certificate.

DEPARTMENT OF JUSTICE

Einbürgerungsurkunde von Katharina Veit, 1954
MARTIN GREGORY, HALE, CHESHIRE, UK

ihren Namen zu Margaret, heiratete den Lederarbeiter und deutschen Einwanderer Ernst Frohman und wohnte in Larchmont, einem Vorort von New York City.
Am 22. Oktober 1940 wurden Julius, Katharina und Toni von Freiburg in das französische Konzentrationslager Gurs deportiert, wo Julius einen Monat später starb. Toni wurde am 12. August 1942 nach Auschwitz verschleppt und sofort ermordet. Katharina Veit war bis zum 20. Januar 1942 in Gurs inhaftiert und wurde danach in das Lager Noé verlegt, wo sie bis zum 17. August 1943 blieb. In Noé erkrankte sie und wurde in die Obhut von Nonnen im Hospice de la Charite in Mâcon entlassen. Bis zum 4. Juli 1946 lebte Katharina im Hospiz. Während des Krieges arbeiteten die Veit-Kinder Gretel und Konrad und andere Familienmitglieder in den USA daran, Katharina und Toni in die USA zu bringen, konnten aber keine Visa für sie erhalten. Auch Katharina beantragte erfolglos in Gurs ein Visum. Als sie endlich auswandern konnte, reiste sie als Staatenlose mit einem Frachter von Marseille nach New York. Sie kam am 19. August 1946 an.
Katharina lebte bei ihrer Tochter Gretel in Larchmont. Am 11. November 1954 wurde sie amerikanische Staatsbürgerin. Sie beantragte bei der Bundesrepublik Deutschland Wiedergutmachung für den Verlust des Familienunternehmens. Mit der Begründung, das Unternehmen wäre auch ohne NS-Verfolgung gescheitert, wurde ihr Antrag abgelehnt. Ihr Enkel Peter studierte Metallurgie an der heutigen New York Polytechnic School of Engineering. Nachdem er für mehrere Firmen der Luftfahrttechnik gearbeitet hatte, gründete er 1983 in Naperville, Illinois, die TSR Engineering, Inc., eine Ingenieurfirma, die sich auf die Entwicklung von Abfallbehandlungssystemen für die industrielle Metallveredelung spezialisierte. Er heiratete 1956 Bernice (von Lenz) Hubschman, und wurde Stiefvater von zwei Töchtern, Gwen Bilek und Susan Miller. Seine Stieftöchter pflegen immer noch Kontakt zur Familie in Großbritannien, die die Nachkommen von Katharinas Tochter Liesel Veit Gregory sind. CZM

Margarete Veit mit ihrem ersten Auto 1940
MARTIN GREGORY, HALE, CHESHIRE, UK

GEBOREN AM
14.09.1885
IN KARLSRUHE, GROSSHERZOGTUM BADEN

AUSREISE IN DIE USA
1938
AUF DEM DAMPFSCHIFF „BRITANNIC"
VON SOUTHAMPTON

ANKUNFT NACH
8 Tagen
IN NEW YORK

VERSTORBEN AM
06.05.1967
IN CHICAGO, ILLINOIS

LUDWIG HILBERSEIMER

Von der Wohnmaschine zum Traum im Grünen

Am 18. Oktober 1938 feierte das Armour Institute of Technology im Süden von Chicago ein Festbankett zu Ehren des neu ernannten Architekturprofessors Ludwig Mies van der Rohe (Cohen 2018, 90). In seinem Schlepptau hatte der berühmte Bauhauslehrer zwei den Studierenden unbekannte Kollegen: Walter Peterhans und Ludwig Hilberseimer. Es wurde ein etwas peinlicher Abend. Der Festredner Frank Lloyd Wright ging vorzeitig, Mies und Hilberseimer sprachen kein Wort Englisch. „Hilberseimer, mit seiner unvermeidlichen Pfeife, [...] sah ein bisschen mürrisch aus. Alle drei schienen völlig überfordert mit diesem Empfang und mit den sich überstürzenden Ereignissen, die sie in eine neue und fremde Umgebung gebracht hatten", erinnerte sich einer der Studenten, George E. Danforth (Pommer 1988, 8). Scheu blieb Hilberseimer auch, als er Englisch gelernt hatte. Seine Vorträge ließ er unter einem Vorwand von Kollegen vortragen. Aber seine Schüler*innen verehrten ihn als „scharfen und gründlichen Denker, der keinerlei Unsinn durchgehen ließ", sie lobten seine sokratisch-fragende Lehrmethode, doch fürchteten auch seine Rigorosität (Pommer 1988, 10-13).
Seine architektonische Ausbildung hatte Hilberseimer 1906 an der Technischen Hochschule in seiner Geburtsstadt Karlsruhe begonnen, einer im Absolutismus auf dem Reißbrett entworfenen Stadt, deren Axialsymmetrie er bewunderte. Nach 6 Semestern Studium zog er nach Bremen, 1911 nach Berlin, wo er 1914 sein eigenes Büro einrichtete. Er baute wenig, sondern schrieb ab 1919 für utopische und sozialistische Zeitschriften kunsthis-

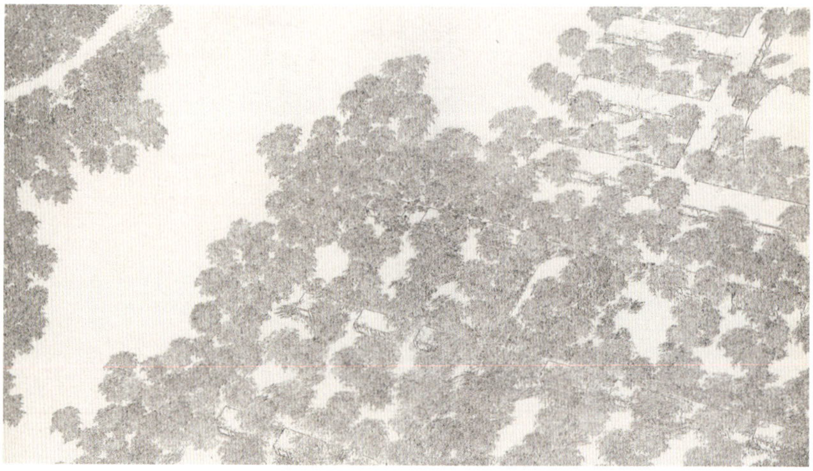

Bungalowsiedlung aus Hilberseimers „The New City", 1944
WÜRTTEMBERGISCHE LANDESBIBLIOTHEK, STUTTGART

Hochhaussiedlungen aus Hilberseimers „Groszstadtarchitektur", 1927 (Bild S.81)
WÜRTTEMBERGISCHE LANDESBIBLIOTHEK, STUTTGART

torische und stadtplanerische Aufsätze; außerdem unterrichtete er an einer marxistischen Arbeiterschule (Pommer 1988, 29). Für die Werkbund-Ausstellung in Stuttgart 1927 plante er nicht nur ein Einfamilienhaus in der Weißenhof-Siedlung, sondern stellte auch das Modell einer „Wohlfahrtsstadt" vor, bei dem sich um einen Kern von fünfzehnstöckigen Hochhäusern höhengestaffelte Zeilenbauten gruppierten. Im selben Jahr präsentierte er seine städtebaulichen Grundsätze in dem Buch „Großstadtarchitektur". Darin entwickelte er Grundgesetze der Stadtplanung. In seinen Zeichnungen für eine Metropole für etwa 1 Million Bewohner*innen reduzierte er die Architektur auf ihre einfachsten Elemente. Besonderen Wert legte er auf die rationale Zonierung sowohl horizontal nach Funktionen als auch vertikal nach Verkehrsmitteln. Das war wohldurchdacht - und doch lässt das Ergebnis einen „schaudern" (Pommer 1988, 17). Hilberseimer selbst sah seine Ideen von 1927 im Rückblick kritisch: „Aus der Gleichförmigkeit der Blocks aber resultierte eine zu große Einförmigkeit. Alle natürlichen Dinge waren ausgeschlossen: Kein Baum, keine Grasfläche durchbrachen die Einförmigkeit. [...] Das Resultat war mehr eine Nekropolis als eine Metropolis, eine sterile Landschaft von Asphalt und Zement, unmenschlich in jeder Hinsicht." (Hilberseimer 1963, 22) Amerika hatte ihn verändert, vor allem seinen Blick auf die Bedürfnisse des Individuums nach Grün, Privatheit und Erholung. 1944 veröffentlichte er sein erstes englisches Buch „The New City", aufbauend auf Notizen, die er aus Deutschland mitgebracht hatte. 1938 war Hilberseimer nicht freiwillig emigriert. Für den erklärten Sozialisten und Lehrer am Bauhaus (von 1929 bis zur Zwangsschließung 1933) gab es im nationalsozialistischen Deutschland keine Perspektive. In den USA eröffneten sich ihm neue Chancen. 1956-1963 hatte Hilberseimer endlich die Gelegenheit, seine städtebaulichen Theorien für eine neue Stadt zu verwirklichen. Zusammen

Lafayette Park in Detroit, MI, 2014
PICTURE ALLIANCE/BENJAMIN BEYTEKIN

mit Mies van der Rohe und dem Grünplaner Alfred Caldwell entwickelte er die Pläne für die Siedlung Lafayette Park in Detroit, eine noch heute „funktionierende Idylle inmitten einer erodierenden Stadt" – für die allerdings ein vor allem von Afroamerikanern bewohntes Stadtviertel dem Erdboden gleich gemacht wurde (Berg 2023). FD

Kurz vor der geplanten Auswanderung versicherte Friedrich List seiner Frau Karoline:
„Was unser Fortkommen in Amerika betrifft, so bin ich in dieser Beziehung ganz außer Sorgen. Ob die Landwirtschaft dort gegenwärtig einträglich ist oder nicht, kann uns gleichgültig sein. Ist sie es für den Augenblick – gut; ist sie es nicht, um so besser! Alsdann kaufen wir uns um wohlfeiles Geld an und erwarten bessere Zeiten.

Reich wollen wir ja auch nicht werden, sondern nur wohlhabend, und dieses kann in A. jeder werden, der etwas Kapital, einigen Verstand und etwas Betriebsamkeit besitzt.“

(List 1933, 317) Das klingt wie der Mythos vom self-made-man, den Heike Paul „den Prototyp des modernen amerikanischen Märchens“ nennt. Er vertraut in das Anreizsystem des kapitalistischen Marktes, eine protestantische Arbeitsethik und Glück (Paul 2014, 379). Mit dem Begriff „self-made-man“ führte der Präsidentschaftskandidat Henry Clay 1832 den Erfolg mittelständischer Unternehmer auf Fleiß und harte Arbeit zurück – Selbstverwirklichung durch Selbstverleugnung. Der Begriff machte rasch die Runde. Um die Mitte des 19. Jahrhunderts wimmelte es in amerikanischen Zeitungen, politischen Reden, Predigten und populären Erzählungen vom Versprechen sozialen Aufstiegs. Arme Menschen – so die verdeckte Botschaft – waren an ihrem Unglück selbst schuld (Thernstrom 1964, 57f.). Und es gab sie ja manchmal, die Erfolgsgeschichten „vom Tellerwäscher zum Millionär“. „Nur die ersten Tausend Dollar musste ich mir selbst hart verdienen. Danach war es leicht“, soll sich der badische Auswanderer und spätere Multimillionär John Jacob Astor gerühmt haben (Madsen 2001, 214). Westexpansion und technische Innovationen eröffneten vielen Weißen Aufstiegschancen. Astor wurde, wie viele andere, durch Immobiliengeschäfte reich. Aber auch viele Arbeiter aus ärmlichen Verhältnissen erwarben bescheidenen Grundbesitz. Ihre Nachfahren brachten es dann meist zu bescheidenem Reichtum.

Im 20. Jahrhundert wurde der „amerikanische Traum“ zunehmend mit materiellem Erfolg verbunden. Der Historiker John Truslow Adams wandte sich in seinem 1931 erschienenen epochalen Werk „The Epic of America“ gegen diese Deutung. Als die Weltwirtschaft zu kriseln begann, ermahnte er seine Landsleute, weniger materialistisch zu denken und sich auf höhere Ideale zu konzentrieren, den „amerikanischen Traum eines besseren, reicheren und glücklicheren Lebens für alle Bürger gleich welchen Standes“ (Churchwell 2018, 170). Doch verbinden Amerikanerinnen und Amerikaner bis heute vor allem den Mythos vom finanziellen Erfolg des tüchtigen Einzelnen mit dem amerikanischen Traum. Es ist ein kompetitives Konzept, bei dem es auch Verlierer geben muss. Für sie bietet der Traum keinen Trost. Es beruht auf der falschen Grundannahme, dass alle die gleichen Startchancen hätten und macht die Ausnahme zur Norm. Indem es strukturelle Gründe für Armut und Misserfolg ausblendet, behindert es sozialen Wandel und eine solidarische Politik (Koch-Linde 1984, 9). Exilanten aus Deutschland zählten zu den heftigsten Kritikern dieser Vorstellung. Theodor W. Adorno wetterte im „Tugendspiegel" gegen die „barbarische Erfolgsreligion“ (zit. nach Paul 2014, 354). Hannah Arendt bedauerte, dass der „amerikanische Traum“ der Einwandernden nicht der Traum von Freiheit gewesen sei, sondern der „vom ‚gelobten Land‘, und dies gelobte Land war ein Schlaraffenland, in dem Milch und Honig fließt und die gebratenen Tauben einem in den Mund fliegen“ (Arendt 1963, 180).
Die Hoffnung auf ein besseres Leben lockt bis heute Migrant*innen in die USA (wenn sie es denn über die Grenze schaffen). Mittlerweile kommen sie in der Regel nicht mehr aus Europa, sondern vor allem aus Lateinamerika. Ihnen erscheint Amerika immer noch als „Land der Chancen“, obwohl struktureller Rassismus ihre Aufstiegschancen erschwert. Die Politikwissenschaftlerin Jennifer L. Hochschild kam in ihrer Untersuchung des Verhältnisses von Race, Klasse und der „Seele der Nation“ zu dem Schluss, dass der amerikanische Traum trotz aller offenkundiger Fehler unverzichtbar sei. Die Botschaft, dass jeder Mensch sein eigenes Schicksal in die Hand nehmen kann, sei eine ermutigende Vorstellung für alle, auch wenn sie vielleicht auf Illusion beruhe. Die Alternativen wären Aufstände und eine tiefe Spaltung der Gesellschaft (Hochschild 1995, 250-260). FD

LAND DER CHANCEN

Dorothea Lange: Toward Los Angeles, California, 1937
LIBRARY OF CONGRESS, WASHINGTON, D. C.

GEBOREN AM
21.02.1867
IN MANNHEIM, GROSSHERZOGTUM BADEN

AUSREISE IN DIE USA
1893
AUF DEM DAMPFSCHIFF „HAVEL“
VON LONDON

VERSTORBEN AM
29.03.1934
IN NEW YORK CITY

OTTO HERMANN KAHN

Der Kunstmäzen

Otto Hermann Kahn trug in seinem Leben viele Hüte, alle waren aus Seide und von großer Eleganz und Stil. Der Mannheimer Bankier, der 1893 zunächst nach London und dann nach New York emigrierte, nutzte seinen Reichtum, um im frühen 20. Jahrhundert zum wichtigsten Mäzen der Vereinigten Staaten zu werden. Als Reaktion auf die antisemitische Diskriminierung, die er von nichtjüdischen New Yorker*innen erfahren hatte, baute er 1919 die zweitgrößte Privatresidenz in Amerika, OHEKA (kurz für Otto HErmann KAhn) auf Long Island. OHEKA war in den 1920er und frühen 1930er Jahren der Ort, an dem einige der wichtigsten europäischen Künstler der Moderne in den USA auftraten und sich vernetzten: Arturo Toscanini, Richard Strauss, Giacomo Puccini, Enrico Caruso, Charlie Chaplin, Sergej Eisenstein oder James Joyce.

Kahn wurde 1867 in Mannheim als Sohn von Bernhard Kahn geboren, einem Federbettfabrikanten und Revolutionär von 1848, der vor der Todesstrafe in die USA hatte fliehen müssen. Bernhard Kahn wurde amerikanischer Staatsbürger, verliebte sich aber 1860 bei einem Besuch in Mannheim in Emma Eberstadt und beschloss, wieder in Baden zu bleiben. Wenige Monate nach der Geburt seines vierten Kindes Otto gründete Bernhard Kahn zusammen mit seinen Brüdern Emil und Hermann das Bankhaus „M. Kahn Söhne“. So wuchs Otto in einem relativ wohlhabenden, bürgerlichen und assimilierten jüdischen Haushalt auf. Kahn wurde früh an Musik, Theater und Kunst herangeführt, sollte aber in das neue Familienunternehmen des Bankwesens einsteigen. Nach einigen Lehrjahren bei kleineren Banken zog Kahn 1888 nach London, um für die Deutsche Bank zu arbeiten. 1893 wurde er britischer Staatsbürger, im selben Jahr trat er in das Londoner Büro der jüdischen Bank Speyer & Co. ein und wurde vorübergehend nach New York entsandt. Kahn sollte den Rest seines Lebens in New York verbringen.

In New York heiratete Kahn 1896 Addie Wolff, die Tochter von Abraham Wolff, Senior Partner der einflussreichen amerikanischen Investmentbank Kuhn, Loeb & Co. Kahn selbst wurde 1897 Partner bei Kuhn, Loeb & Co. und spezialisierte sich auf Eisenbahnfinanzierungen. Er war auch aktiv an der Vergabe von Darlehen in Europa während und nach dem Ersten Weltkrieg beteiligt. Ab 1920 übernahm Kahn zusammen mit Felix M. Warburg die Leitung von Kuhn, Loeb & Co.

Häuser waren Prestigeobjekte der New Yorker Elite. Wessen Haus das größte und teuerste war und wer in wessen Haus eingeladen wurde, waren Schlüsselfragen der New Yorker High Society. OHEKA war mehr als 10.100 m^2 groß und hatte 127 Zimmer. Das Anwesen umfasste 179 Hektar und hatte einen 18-Loch-Golfplatz, einen der größten privaten Gewächshauskomplexe in den USA, Tennisplätze, ein Hallenbad, eine Landebahn, Obstgärten und Pferdeställe. Die Gärten wurden von Olmstead Brothers entworfen, die den Central Park in New York City geplant hatten. OHEKA war ein Vobild für Jay Gatsbys Villa in F. Scott Fitzgeralds Roman „The Great Gatsby“, und Orson Welles verwendete Luftaufnahmen von OHEKA, um die Residenz Xanadu in seinem legendären Spielfilm

Rauchset von Kahn, 1920er Jahre
GARY MELIUS, OHEKAVCASTLE & HOTEL, NEW YORK

OHEKA aus der Vogelperspektive, 1925, 1930
GARY MELIUS, OHEKA CASTLE & HOTEL, NEW YORK

„Citizen Kane“ darzustellen. Das Wortspiel von „Kubla Khan“ und „Kahn“ war auch ein Element in „Citizen Kane“, dessen Drehbuch von Herman Mankiewicz mitgeschrieben wurde, dem Kahn Geld geliehen hatte, als Mankiewicz in den 1920er Jahren in New York ein mittelloser Dramatiker gewesen war. Kahn nutzte seinen Reichtum, um die Künste und Künstler zu fördern und zu subventionieren. Er war von 1918 bis 1931 Präsident der Metropolitan Opera und gleichzeitig deren Hauptmäzen. Er unterstützte Künstler wie den Sänger Paul Robeson, den Bühnenbildner Norman Bel Geddes oder den Dichter Hart Crane. Er war zudem ein wichtiger Förderer der Harlem Renaissance.

Kahn bewegte sich in mehreren Welten und versuchte, Kulturen und Länder durch Kunst und Musik zu verbinden. Er half bei der Finanzierung der Kriegsanstrengungen Frankreichs und dann beim Wiederaufbau Deutschlands nach dem Krieg. So ehrte ihn die französische Regierung 1921 für seine Verdienste mit einem signierten Kunstbuch; die Weimarer Republik lud Kahn ein, 1929 vor dem Reichstag zu sprechen. Er war kein gläubiger Jude und kämpfte immer gegen den Antisemitismus. Obwohl er und seine Frau ihre Kinder christlich taufen ließen und ein Sohn Pfarrer wurde, identifizierte sich Kahn am Ende seines Lebens eher mit dem Judentum und erhielt eine jüdische Beerdigung. Er war gegen den Nationalsozialismus, bewunderte aber den italienischen Faschisten Mussolini. Er subventionierte den profaschistischen Dichter Ezra Pound genauso wie den kommunistischen Schriftsteller Mike Gold. Widersprüche gehörten zur Modernität von Kahn. CZM

GEBOREN AM
01.08.1716
IN TRESCHKLINGEN,
BESITZ DER FREIHERREN VON GEMMINGEN

AUSREISE IN DIE BRITISCHEN KOLONIEN
1738
AUF DEM SCHIFF „CHARMING NANCY“
VON ROTTERDAM

ANKUNFT NACH
175 Tagen
IN PHILADELPHIA

VERSTORBEN AM
01.06.1797
IN PHILADELPHIA, PENNSYLVANIA

HEINRICH KEPPELE

Helfer deutscher Einwander*innen

„Ach Herr, gedencke nicht der Sünden meiner Jugend und Übertretung“, schrieb Johann Heinrich Keppele als kranker Greis von 67 Jahren in sein privates Gebetsbuch (German Society of Pennsylvania Ms. Coll. AM 625.1, 01.08.1783). Hatte ein schlechte Gewissen den jungen Mann aus Treschklingen 1738 zur Auswanderung bewogen? In diesem Jahr emigrierten so viele Deutsche nach Amerika wie nie zuvor. 30 Prozent starben bei der Fahrt in den überfüllten Schiffen. Normal lag die Sterblichkeit bei 3 Prozent (Häberlein 1993, 108). Keppele hatte Glück im Unglück, denn er überlebte, wenn auch nur knapp. „Die Reiße bedreffend. So wahr selbige sehr mühsam mit Krankheit, und Sterben und allerley andren Begebenheiten ausnehment Beschwehrlich, denn wir 25 Wochen von Rotterdam biß Philadelphia zugebracht haben, währenter Reiß sind aus 312 ½ Fracht gestorben gegen 250 Seelen beseits dennen welche krankh ans Land kamen, und gestorben seynd. Die Krankheit wahr ein hietziges Fieber, mit welchem niemand auff dem gantzen Schiff ist verschont worden ausgenomen etliche wenige, so gar die Matrosen und Schiffs Companie welcher der mehreste Theil von ihnen, zur Speiß den fischen werden mußte“, schilderte Keppele seine traumatische Atlantiküberquerung im Familienbuch (GSP, Ms. Coll. AM 625.2). Er sollte sie nie mehr vergessen.

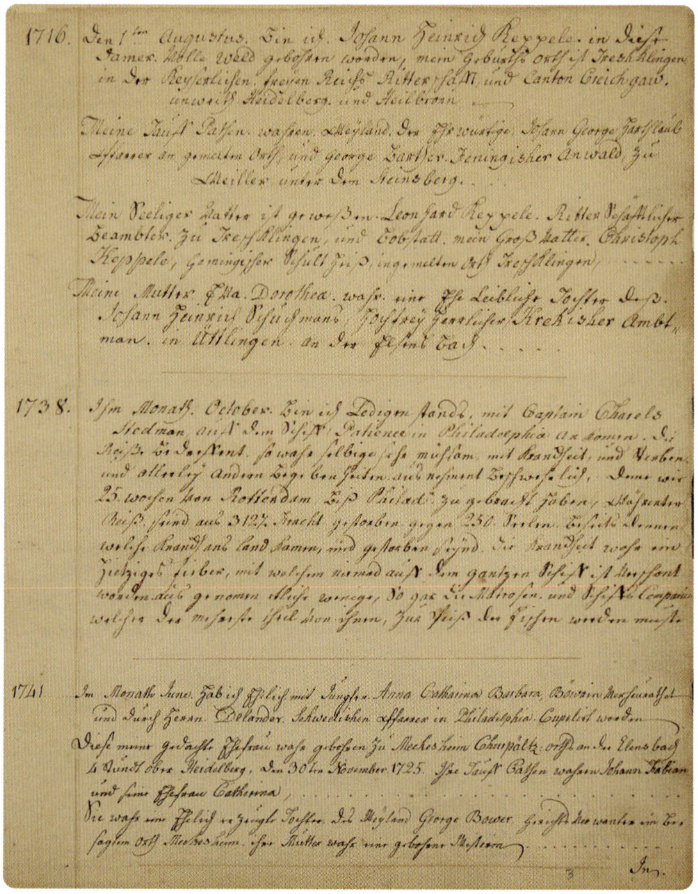
1716. Den 1ten Augustus. Bin ich Johann Heinrich Keppele in dieße Jamer Welt gebohren worden, mein Geburths Orth ist Treschklingen in der Keyserlichen freyen Reichs Ritterschafft und Canton Creichgaw. unweith Heidelberg. und Heilbronn
Meine Tauff Pathen waren [illegible] der [illegible] Johann George [illegible] Pfarrer an gemelten Orth, und George [illegible] Anwald zu Weiler unter dem Steinsberg.
Mein Seeliger Vatter ist geweßen Leonhard Keppele. Ritterschafftlicher Beambter zu Treschklingen, und Eobstatt. mein Groß Vatter Christoph Keppele, Gemingischer Schultheiß in gemelten Orth Treschklingen
Meine Mutter [illegible] Dorothea. ware eine Ehe Leibliche Tochter des Johann Heinrich Schuchmann, [illegible] Ambtman in Ittlingen an der [illegible]
1738. Ihm Monath October Bin ich Ledigen Standts, mit Captain Charels Stedman auff dem Schiff Patience in Philadelphia an komen. Die Reiße bedreffent. so wahr selbige sehr mühsam mit Krankheit, und Sterben und allerley andren Begebenheiten ausnehmend Beschwehrlich, denne wir 25 wochen von Rotterdam biß Philad. zu gebracht haben, währenter Reiß sind aus 312½ Fracht gestorben gegen 250 Seelen beseits dennen welche Kranck ans land kamen, und gestorben seynd. Die Krankheit wahr ein hietziges fieber, mit welchem niemand auff dem gantzen Schiff ist verschont worden aus genomen etliche wenige, so gar die Matrosen und Schiffs Companie welcher der mehreste theil von ihnen, zur Speiß den fischen werden mußte
1741 Im Monath June. hab ich Ehelich mit Jungfer Anna Catharina Barbara Bäwrin Verheurathet und durch Herrn Delander Schwedischen Pfarrer in Philadelphia Copulirt worden
Dieße meine gedachte Ehefrau ware gebohren zu Meckesheim Churpfaltz [illegible] an der Elsenbach [illegible] Stund ober Heidelberg, den 30ten November 1725. Ihre Tauff Pathen waren Johann Fabian und seine Ehefrau Catharina
Sie ware eine Ehelich erzeugte Tochter des [illegible] George Bower [illegible] in be[illegible] Orth Meckesheim ihre Mutter ware eine gebohrne [illegible]
3

Auszug aus Johann Heinrich Keppeles Familienbuch, 1766–1787
GERMAN SOCIETY OF PENNSYLVANIA, PHILADELPHIA

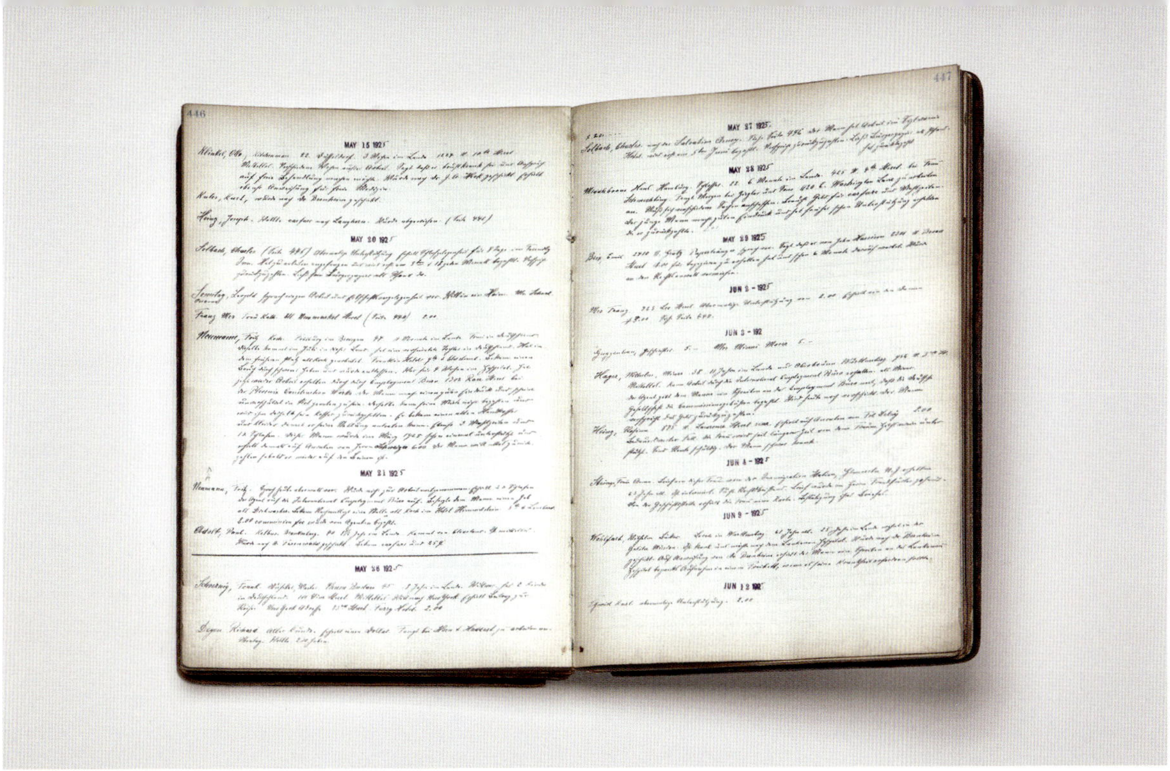

Erfassung der Unterstützungsbedürftigen, 1914–1938
GERMAN SOCIETY OF PENNSYLVANIA, PHILADELPHIA

Keppele erreichte Philadelphia als freier Mann, nicht als Lohnknecht, anders als die meisten seiner Landsleute. 1741 heiratete er Anna Maria Bauer, die 1737 aus Deutschland nach Amerika eingewandert war. Die beiden bekamen fünfzehn Kinder, von denen sechs früh starben. Keppele arbeitete zunächst als Metzger und eröffnete 1747 eine Wirtschaft an der Hauptstraße von Philadelphia. Er begann, mit Leinöl zu handeln und stieg bald ins Reedereigeschäft ein. Als Miteigner von einem Dutzend Schiffen profitierte er vom „trade in strangers" (Wokeck); 2.258 Einwanderer aus deutschsprachigen Ländern bezahlten ihm die Schiffspassage. In den 1760er Jahren beteiligte er sich am lukrativen Karibikhandel. Vor allem aber wurde er mit Immobilienspekulation reich. Er kaufte Land im nahen Lancaster County und verkaufte kleinere Parzellen davon an deutsche Einwanderer (Pfleger 2018). Und davon gab es viele. Im Verlauf des 18. Jahrhunderts kamen mehr als 100.000 deutschsprachige Auswanderer nach Pennsylvania, 1775 stellten Deutsche rund ein Drittel der Gesamtbevölkerung der Kolonie (Sollbach 1992, 8). In der großen deutschen Gemeinde in Philadelphia war Keppele gut vernetzt. Als angesehenes und zahlungskräftiges Mitglied der deutschen lutherischen Gemeinde wirkte er lange Jahre als Kirchenältester. Heinrich Melchior Mühlenberg, der „Patriarch der lutherischen Kirche in Nordamerika", wohnte nach seiner Ankunft in Amerika 1742 zunächst im Haus von Keppele.

Als Reaktion auf einen Bericht im Wöchentlichen Philadelphischen Staatsbooten vom 19. November 1764 über das Elend neu angekommener deutscher Einwanderer gründete Keppele zusammen mit 64 anderen Deutsch-Amerikanern die erste Deutsche Gesellschaft in Amerika. Bis 1781 war er ihr Präsident. Sie sollte Neuankömmlingen aus Deutschland den Start in Amerika erleichtern – durch Rechtsbeistand gegen betrügerische Arbeitgeber oder Kapitäne, mit Kleider- oder Geldspenden, mit Beratung und mit Bezahlung von Arztrechnungen. Als Abgeordneter der Pennsylvania Assembly wirkte Keppele 1764 auch an einem Gesetz zum Schutz von Einwanderern mit. Es forderte einen Mindestplatz pro Passagier, erlaubte den Kapitänen nicht mehr als 50 Prozent Profit vom Verkauf von alkoholischen Getränken und verpflichtete sie zu medizinischer Hilfe und zur Stellung eines Dolmetschers bei Ankunft des Schiffes (Pfleger 2018). Im Lauf des 19. Jahrhunderts professionalisierte die Deutsche Gesellschaft ihr Hilfsangebot: 1847 etablierte sie eine „Agentur" mit einem Angestellten, der die Hilfsgesuche vorstrukturierte. 1884, in der Hochzeit der deutschen Immigration, erweiterte die Agentur ihr Unterstützungsangebot um Essensgutscheine und Übernachtungsmöglichkeiten. 1885 kam eine Arbeitsagentur dazu. Diese Hilfsangebote bestanden bis in die 1940er Jahre (Pfleger 2006, 5-56). Sie galten aber keineswegs allen Bedürftigen. Wie viele caritative Einrichtungen unterschied die Deutsche Gesellschaft zwischen „deserving" und „undeserving poor" (Bretting 1981, 69). Unterstützt wurden bevorzugt Neuankömmlinge aus Deutschland, aber nur, wenn sie arbeitsam und redlich wirkten, so wie der Koch Fritz Neumann aus Freiburg 1925: „Der Mann macht einen guten Eindruck und scheint unverschuldet in Not geraten zu sein. Derselbe kann seine Miete nicht bezahlen und wird ihm deshalb sein Koffer zurückgehalten. Er bekam einen alten Handkoffer und Kleider damit er seine Stellung antreten kann. Ebenso 3 Mahlzeiten und 1 x Schlafen. [...] Der Mann will alles zurückzahlen sobald er wieder auf den Beinen ist." (GSP Ms. Coll. 3. Box 21, 446) FD

GEBOREN AM
05.02.1849
IN GÖPPINGEN, KÖNIGREICH WÜRTTEMBERG

AUSREISE IN DIE USA
1866
AUF DEM SEGELDAMPFER „BREMEN“
VON BREMERHAVEN

VERSTORBEN AM
03.02.1912
IN PHILADELPHIA, PENNSYLVANIA

ALBERT SCHÖNHUT

Arbeit als Spiel

Eine Geschichte wie im Märchen: der älteste Bruder bekommt die Spielwarenfabrik des Vaters. Der jüngste Sohn, erst 17 Jahre alt, zieht frustriert in die Fremde. Dort entwickelt er aus bescheidenen Anfängen die größte Spielwarenfabrik der Welt. Albert Friedrich Schönhut war das achte Kind des Göppinger Drechslermeisters und Spielwarenfabrikanten Friedrich Wilhelm Schönhut und der Christiane Eberhardine Schönhut, geb. Färber. Alle drei überlebenden Söhne erlernten das Drechslerhandwerk. 1866 überschrieb der Vater den wirtschaftlich schwächelnden Betrieb an den ältesten Sohn Wilhelm. Im selben Jahr fuhr Albert auf dem Steamer „Bremen“ in die USA. In Philadelphia reparierte er zunächst im Laden von John Deiser Spielzeugklaviere, deren gläserne Klangstäbchen beim Transport aus Deutschland zerbrochen waren. Die oft wiederholte Behauptung, er sei von einem Headhunter von Wanamaker's

Schönhuts Humpty Dumpty Circus, 1903–1910
HERMANN UND ANGELIKA STRAUSS

Department Store aus Göppingen angeworben worden, ist vermutlich falsch. Wanamaker war ein Bekleidungsgeschäft in Philadelphia, das sich 1875 zu einem Kaufhaus vergrößerte. Spielzeugklaviere verkaufte Wanamaker erst in den 1890er Jahren. Schönhut aber erfand schon in den 1870er Jahren eine stabilere Metallmechanik für Spielzeugklaviere und eröffnete 1872 seinen eigenen kleinen Laden an der Frankford Avenue im Arbeiterviertel Kensington (Simpson 2015). Er wurde erfolgreich mit einem typisch deutschen Produkt. Und er profitierte von der typisch amerikanischen Transformation der Spielwaren vom handwerklich gearbeiteten Einzelprodukt zur Massenfabrikation. 1880 gab es 173 Spielwarenfabrikanten in Philadelphia, zwanzig Jahre später 500. Die Firma Schoenhut beschäftigte mittlerweile 125 Arbeitskräfte – bis 1904 nur Männer (Simpson 2015). 1912 war sie die größte Spielzeugfabrik der Welt.

1903 kaufte Schönhut von dem mittellosen deutschen Einwanderer Fritz Meinecke für 100 Dollar die Idee zu einem neuen Spielzeug: ein beweglicher Clown mit Stuhl und Leiter. Zirkusse hatten zu diesem Zeitpunkt Konjunktur. Auf dem Broadway trat George L. Fox in den 1870er Jahren als weißgeschminkter „Humpty-Dumpty“-Clown auf. Seit den 1880er Jahren tourte Phineas Taylor Barnum mit einer Mischung aus Kuriositätenkabinett, Tierschau und Völkerschau durch die Staaten. Den Erfolg dieser Spektakel erklären Forscher*innen heute damit, dass sie einer über Fragen der Rasse, Klasse und Gender verunsicherten Gesellschaft einfache Antworten boten (Simpson 2020, 212-215). Spielzeug, das imaginatives Rollenspiel ermöglichte, bereitete Kinder auf ihren Platz in der Gesellschaft vor. Schönhut nutzte die Popularität des Zirkusses. Sein „Humpty-Dumpty Circus“ entwickelte sich zum Verkaufsschlager mit immer neuen Figuren. Ende 1903 hatte man 50.000 Sets verkauft; 1910 war das Set mit 37 Figuren komplett. Die Spielwaren „made by a German“ galten als besonders haltbar und pädagogisch wertvoll. Bald erschloss sich Schoenhut Märkte in Übersee. 1905 warb die Firma in deutschen Zeitungen mit Fotos der beweglichen Gelenkfiguren. „Das Entzücken der Kinderwelt! Lehrreiche, nie ermüdende Unterhaltung. […] 10 verschiedene Preislagen. 10.001 verschiedene Evolutionen.“ Die Annonce warnte vor „minderwertigen Nachahmungen“ – zwei Jahre, nachdem der Zirkus auf den Markt gekommen war. Schönhut produzierte aber auch Kriegsspielzeug, Uniformen oder Flugzeuge für Jungen, Baukästen, Puppenhäuser und Puppen für Mädchen. Als Vater war Schönhut streng, forderte „Respekt und keine Fragen" und drillte seine Söhne als zukünftige Fabrikbesitzer (Simpson 2015). „Arbeit bedeutete ihm nichts. Er nannte es Vergnügen“, resümierten seine Erben anlässlich der 50-Jahrfeier 1922 (Unternehmensbroschüre, Privatbesitz). Doch seinen sechs Söhnen gelang es nicht, „Schoenhut Toys“ über die Krise der Spielwarenindustrie in der großen Depression zu retten. 1934 mussten sie Konkurs anmelden, 1935 wurde die Firma liquidiert. Schönhuts Sohn Otto konnte lediglich die Klavierproduktion retten. Schoenhut Baby Pianos gibt es noch heute, die Firma wurde 1984 von der Familie Trinca aufgekauft. FD

Goldgräber-Legenden

„Entweder will i so arm sei, daß i koi Kapp me auf em Kopf trag, oder i werd reich“, verkündete der Leidringer Kleinbauernsohn Andreas Huonker, als er im Alter von 17 Jahren 1869 nach Amerika auswanderte (Lechler 1975, 187). 27 Jahre lang war er arm. Bis 1875 arbeitete er in den Kohleminen von Pennsylvania, dann in den Quarzminen von Siskiyou and Trinity in Kalifornien. 1882 begann er in der Kootenay-Region im kanadischen British Columbia Silber

GEBOREN AM
20.01.1852
IN LEIDRINGEN, KÖNIGREICH WÜRTTEMBERG

AUSREISE IN DIE USA
1869
AUF DEM SEGELDAMPFER „GERMANIA“
VON HAMBURG

ANKUNFT NACH
15 Tagen
IN NEW YORK

VERSTORBEN AM
23.01.1931
IN BERKELEY, CALIFORNIA

ANDREAS HUONKER

Von Andreas Huonker gefundenes Goldnugget, 1896
HEIMATMUSEUM DER TRACHTENGRUPPE LEIDRINGEN

zu schürfen. 1894 kam er auf der Suche nach Gold ins Yukon-Gebiet in den Northwest Territories an der Grenze zu Alaska (Klondike News 1, 01.04.1898).
Schon seit den 1850er Jahren zirkulierten Gerüchte, es gebe dort ausgiebige Goldvorkommen. 1894 lebten über tausend Goldsucher am Yukon und wuschen Gold im Wert von 125.000 $ aus. Am 16. August 1896 fand eine Gruppe um den Händler George Carmack und Keish, einem Angehörigen der First Nation der Tagish, riesige Nuggets im später so genannten Bonanza Creek. Die Kunde von diesen Funden löste den letzten großen Goldrausch aus. Rund 100.000 Menschen, vor allem Männer, machten sich auf den beschwerlichen Weg in den hohen Norden. Huonker und sein Partner Charles M. Johnson aus Ohio hatten den Vorteil, schon in der Gegend zu sein. Bereits am 5. September fanden sie reichlich Gold in einem Nebenfluss des Klondike. Um ihren Anspruch (Claim) amtlich registrieren zu können, mussten sie dem Fluss einen Namen geben. Das Los fiel auf Huonker, und so meldeten sie ihre Claims am noch heute so genannten „Hunker“-Creek an. Das größte von Huonker gefundene Stück hatte angeblich 52.50 Feinunzen (1.633 Gramm) (Ferrell 1995, 141). Das 19. Jahrhundert war die Ära der großen Goldräusche. In den 50 Jahren zwischen dem Goldrausch in Kalifornien (1848-1854) und dem am Klondike (1896-1899) wurde weltweit mehr Gold gefördert als in den

San Francisco nach dem Erdbeben 1906 (Richterskala 8,1)
LIBRARY OF CONGRESS, WASHINGTON, D.C.

drei Jahrtausenden davor (Mountford 2018, 5). Die Goldwäscher vom Klondike verkörperten noch einmal den Heldenmythos von Abenteuer, zähem Leiden, harter Arbeit und plötzlichem Glück (Morrell 1941, 415). Voraussetzung für den Goldrausch war die Mobilität freier Männer und die Möglichkeit, mit sehr einfachen Mitteln Gold zu gewinnen. Doch die meisten Goldwäscher endeten als Lohnarbeiter. Denn die Goldgewinnung wurde immer komplizierter und teurer, und große Konzerne übernahmen das Geschäft.
Huonker blieb dieses Los erspart. Schon 1897 verkaufte er seine Claims für 175.000 Dollar, nach heutigem Wert rund 3.200.000 Dollar (Los Angeles Herald, 18.06.1899). 1901 reiste „Andrew Hunker", wie er sich nun nannte, mit seiner Frau Annie (1857–1903) als gemachter Mann nach Deutschland und besuchte stolz seine Heimat. Er stiftete das erste Telefon Leidringens und verteilte Geschenke, zum Beispiel ein kleines Goldnugget. Zwischen 1901 und 1903 investierte er in mehrere Immobilien in San Francisco. Er und Annie kauften Grundstücke an der Südost-Ecke der Kreuzung Van Ness Street/Pacific Avenue, der Ecke Post Street/Steiner Street und an der Südost-Ecke der Kreuzung California Street/Franklin Street und errichteten darauf mehrere Mietshäuser. Nach Annies Tod erwarb Hunker eine stattliche Villa in Berkeley. Im April 1904 gab es einen kleinen Skandal. Per Gerichtsbeschluss ließ er die Bewohnerin des Anwesens, Christine Carroll, räumen, die vorgab, das „Schloss" sei ein Verlobungsgeschenk gewesen (San Francisco Call, 14.04.1904), und zog selbst ein. In Leidringen kennt man Huonkers Geschichte als eine von Aufstieg und jähem Fall: „Da legte das große Erdbeben von 1906 seinen Besitz in Schutt und Asche." (Lechler 1975, 187) Dies ist nur teilweise wahr. Am 18. April 1906 erschütterte ein Erdbeben ungefähr der Stärke 8,1 auf der Richterskala San Francisco.
Vor allem die anschließende Feuersbrunst zerstörte rund 80 Prozent der Stadt. Betroffen waren Huonkers Mietshäuser an der Van Ness Street/Pacific Avenue. Das kleine Holzhaus an der California Street/Franklin Street hatte er bereits 1903 für 5.000 Dollar verkauft, das Haus an der Steiner Street lag außerhalb der Gefahrenzone, und auch die Villa in Berkeley blieb verschont. So konnte er die Familie in Leidringen weiterhin unterstützen. Am 13. Januar 1909 überwies er 100 Dollar (rund 418 Mark) an seinen Schwager. In seinem Testament hielt er ausdrücklich fest, er habe „keine Gattin" und setzte seine Geschwister als Haupterben ein. Falls sich dennoch jemand als seine Frau ausweisen könnte, sollte sie einen Dollar erhalten (Heimatmuseum Leidringen, Kopie des Testaments). Ob sich hierin die Erfahrungen mit Christine Carroll widerspiegeln? FD

Spendable Kommunistin

Sind die USA ein Land „ohne soziales Gewissen?", fragte der Amerikakorrespondent des Tagesspiegel, Christoph von Marschall, am 12.08.2012. Er hält dagegen, dass Amerikaner*innen „neun Mal so viel wie Deutsche für soziale und gemeinnützige Zwecke" spenden, und dass sie auch mehr freiwillige Arbeit für sozial Schwache leisten. Doch staatliche Sozialpolitik sehen Viele nach wie vor kritisch. Konservative Abgeordnete malen das Gespenst des „Marxismus" oder „Sozialismus" an die Wand, der den amerikanischen Freiheitstraum bedrohe. Als Kommunistin aus dem „roten" Mössingen kämpfte Anna Nill für eine solidarische klassenlose Gesellschaft. Mit ihrer privaten Spende für Bedürftige in Mössingen zeigte sie sich aber auch als echte Amerikanerin.

Anna Nill träumte von Freiheit und Gerechtigkeit. Vermutlich war sie erst 15 Jahre alt, als sie mutterseelenallein nach Amerika auswanderte. Jedenfalls ist eine zwar angeblich 17 Jahre alte Anna Nill am 18. Mai 1888 mit dem Dampfer Saale von Bremerhaven aus in New York gelandet; Nills Reisepassantrag aus dem Jahr 1921 bestätigt 1888 als Jahr der Einreise. Mössingen war ihr zu eng gewesen. Schon als Achtjährige fiel Anna Nill in der Schule wegen ihrer frechen Antworten auf, später als eine der ersten Radfahrerinnen (Weinberg 1999, 101f.). Sie dichtete rebellisch: „Frei ist mein Herz und frei sind die Gedanken, / und freie Lieder schmetternd tönt mein Horn. / Ich hab's gewagt, der Freiheit Banner schwingend / zieh ich getrosten Mutes durch das

GEBOREN AM
17.01.1873
IN MÖSSINGEN, KÖNIGREICH WÜRTTEMBERG

AUSREISE IN DIE USA
1888
AUF DEM SEGELDAMPFER „SAALE"
VON BREMERHAVEN

ANKUNFT NACH
15 Tagen
IN NEW YORK

VERSTORBEN AM
03.03.1960
IN BABYLON, NEW YORK

ANNA NILL

Von der Nill-Stiftung beschenkte Mössinger Kinder, 1950er Jahre
MUSEEN UND ARCHIV DER STADT, MÖSSINGEN

Land / und meine Evalieder trotzig singend, / das Schwert zum Kampf gezückt hält meine Hand.“ (Warneken 2012, 272) Anna Nill ließ sich in Babylon, einem Vorort von New York, nieder und heiratete den (nicht verwandten) Bäcker Jakob Nill, der 1892 im Alter von 14 Jahren ebenfalls aus Mössingen ausgewandert war. Den 1903 geborenen Sohn nannte sie nach einem Bäckerstreik „Boycott“. Eine zeitlang arbeitete Anna in der Bäckerei mit. „Aber das ist ihr zu eng gewesen, in dem Laden stehen und Brot verkaufen“, erinnerte sich ein KPD-Genosse. Da Jakob Nill nicht bereit war, ihr zuliebe das Geschäft aufzugeben, griff sie zu einer List und schüttete Petroleum in den Brotteig. Immer weniger Kunden kamen, und die Bäckerei musste schließen (Weinberg 1999, 103).

1921 kehrten die Nills nach Mössingen zurück. Dort war die Linke traditionell sehr stark. 1924 war die KPD dort mit 26,5 Prozent der Stimmen die meistgewählte Partei, 1932 erzielte sie mit 32,2 Prozent der Stimmen ihr bestes Ergebnis (Warneken 2012, 73). Die Partei war pragmatisch, sie kümmerte sich um lokale Themen wie Notstandsarbeiten, den Konsumverein, die Turnhalle oder das Gemeindebad. Anna Nill war eine der wenigen aktiven Frauen in der Partei. 1922 wurde sie Mitglied in der gemeinnützigen Baugenossenschaft, die zwischen 1924 und 1930 20 neue Häuser auf der Hilb errichtete.

Die Nills erlebten die Fertigstellung ihres Hauses jedoch nicht mehr, denn sie kehrten schon 1923 in die USA zurück. Dort wurden sie mit Immobilienspekulation reich. Sie erwarben ein großes Grundstück an der Great East Neck Road in Babylon, bauten die Siedlung Pinewood Park, bezogen selbst ein Haus an der noch heute bestehenden Nill Street und verkauften die anderen Häuser gewinnbringend. Sie profitierten von einer neuen Entwicklung in der amerikanischen Politik. Denn in den 1920er Jahren begannen Banken und Bundesregierung, Wohneigentum als Grundlage des amerikanischen Traums zu fördern (Harris 2013; Archer 2014). In den 1930er Jahren wurden sogar Hypotheken mit Laufzeiten bis zu 30 Jahren subventioniert. Das ermutigte Einwander*innen, sich dauerhafter in die amerikanische Gesellschaft zu integrieren (Tobey, Wetherell and Brigham 1990; Sutch 2013).

Auch nach ihrer Rückkehr in die USA setzte sich Anna Nill für notleidende Menschen in Mössingen ein und warb in der Zeitung von Babylon um Spenden: „Denn unser Volk ist auf dem Hund, geistig und körperlich. Hunger macht roh.“ (zit. nach Weinberg 1999, 104) Gegen Ende ihres Lebens beschlossen die Nills, ihr Geld dauerhaft Bedürftigen in der alten Heimat zukommen zu lassen. Am 25.11.1954 überwiesen sie 5.000 Dollar (rund 21.000 Mark) an die Gemeinde Mössingen. Von einem Drittel der Zinsen sollte „jedes Jahr zur Weihnachtszeit […] den Kleinen von der Kinderschule eine Bescherung“ bereitet werden, zwei Drittel sollten ältere Menschen erfreuen. Die Anna-Nill-Stiftung besteht bis heute. FD

Märchentasse aus der Nill-Stiftung, 1960er Jahre
PRIVATBESITZ

Rare Freizeitvergnügen

Nur wenige Einwanderer wurden in den USA reich. Doch für Menschen mit bescheideneren Ansprüchen erwiesen sich die USA tatsächlich als ein Land der Chancen. Viele Einwanderinnen verdingten sich als Dienstmädchen und waren damit durchaus zufrieden. Es ging ihnen gut, wenn ihr soziales Netzwerk den

Postkarte aus Hamburg, 25.11.1923
EDELTRAUD KRAPF, AILINGEN

GEBOREN AM
15.12.1902
IN AILINGEN, KÖNIGREICH WÜRTTEMBERG

AUSREISE IN DIE USA
1923
AUF DEM DAMPFSCHIFF „CLEVELAND“ VON HAMBURG

ANKUNFT NACH
11 Tagen
IN NEW YORK

VERSTORBEN AM
29.09.1981
IN WARWICK, NEW YORK

RESE KRAPF

Beruf akzeptierte und wenn der soziale Hintergrund von Arbeitgeber*in und Servicekraft relativ ähnlich war (Lintelman 1995, 250f.). Deutsche Dienstmädchen waren besonders gefragt, sie galten als fleißig und bescheiden. Der in Stuttgart lebende Ratgeberautor Traugott Bromme versicherte 1849: „Die Behandlung der Dienstboten, die hier allgemein ‚Gehülfen‘ (help) genannt werden – die Benennung Knechte und Mägde ist hier völlig unbekannt – ist vortrefflich, und der Abstand zwischen Herrschaft und Dienstboten sowohl dem Namen nach, als im Benehmen fast unbemerkbar. […] Fleißige rührige Mädchen, die einigermaßen gut aussehen, können gewiß seyn, schon im ersten Jahre Heiratsanträge zu erhalten.“ (Bromme 1849, 434f.) Ende des 19. Jahrhunderts waren zwei Drittel der in Milwaukee beschäftigen Dienstmädchen deutscher Herkunft. Die meisten kamen aus einfachen Verhältnissen, oft vom Land, und waren an primitive Schlafstätten und harte Arbeit gewohnt. In Amerika gab es weniger Regulierungen und es war leichter, Arbeitgeber zu wechseln. Eine Anstellung als Servicekraft in den USA verbesserte die Heiratschancen und die Aussicht auf sozialen Aufstieg (Wehner-Franco 1994, 206-273). Am 25. November 1923 brach die Stieftochter des Müllers Ludwig Krapf, Rese Krapf, in die USA auf. In Deutschland herrschten Wirtschaftskrise und Inflation, 12.706 Menschen allein aus

Leporello mit Bildern von New York, 06.09.1925
EDELTRAUD KRAPF, AILINGEN

Württemberg wollten in diesem Jahr auswandern, 1922 waren es 25.000 gewesen (Krohn 1992, 325). Reses Stief-Onkel Andreas Krapf aus Rhode Island stellte für sie und ihre Cousine Josefine Bernhard die Bürgschaft. Mit insgesamt 128 Postkarten und Briefen ließ Rese Krapf ihre Familie Schritt für Schritt am Auswanderungsprozess teilhaben: vom Umsteigen in Frankfurt, dem Aufenthalt in den Auswanderungshallen in Hamburg über die 11-tägige Überfahrt bis zur Landung in Ellis Island. Staunend besah sie die Auslagen in New York: „Man kann alles haben. [...] Die Leute sind ja alle so freundlich hier, nicht so schnauzig wie die deutschen Beamten.“ (Krapf 1993, 26f.) Sie berichtet über ihre erste Stelle bei der Familie Hassenfeld in Providence, RI, auf deren Kinder Harold, Merrill Lloyd und Muriel sie aufpasst. Am Sommerhaus der Hassenfelds kann sie mit Josefine baden. Sie erzählt über die großen Kaufhäuser, vom Stellungswechsel nach Pawtucket, RI, wo sie eine goldene Hochzeit für über 200 Gäste ausrichten hilft, vom Englischexamen als Klassenbeste auf der Pawtucket Highschool, vom Badevergnügen in Coney Island und von Ausflügen nach New York: „Hier könnt ihr einen Blick werfen auf Zentral Manhattan, einen Teil von der Millionenstadt New York. Da sieht es anders aus als in Ailingen, da würde sich der gescheiteste Bauer nimmer auskennen.“ (Krapf 1993, 47) Häufig schickte sie Pakete mit Schmalz, Bonbons, Kleidern und Tabak. Im Juni 1927 heiratete sie den aus Egesheim bei Tuttlingen stammenden Gipser Josef Sieger. Nun schrieb sie seltener. 1928 und 1931 wurden die Kinder Virginia und Joseph geboren. Doch am 23. Oktober 1938 verunglückte der geliebte Ehemann tödlich beim Versuch, einen umgestürzten Telefonmast abzusägen. Rese Krapf-Sieger verfiel in tiefe Trauer und haderte mit ihrem Schicksal: „Warum bin ich doch nach Amerika, wäre ich doch daheim geblieben. Ich habe kein Glück auf dieser Welt. [...] Es ist schwer genug, wenn so etwas vorkommt, wenn man unter seinen Eigenen ist. Wieviel schlimmer ist es noch in der Fremde.“ (Krapf 1993, 61f.) Doch sie sollte ihre Heimat nie mehr wiedersehen. Der Kontakt nach Ailingen brach nahezu ab, nur noch Grußkarten an ihre Mutter schickte sie bis 1964 regelmäßig, zu Geburtstagen, Namenstagen, Muttertag, Ostern und Weihnachten. Ein einziges Mal erhielt Rese Krapf Besuch aus Ailingen: Ihre Schwester Fanny reiste im Mai 1972 zu ihr in die USA. Rese lebte inzwischen bei ihrer Tochter Virginia und deren Familie in einem stattlichen Haus in Warwick. Mit über 70 Jahren arbeitete sie immer noch als Hausangestellte. Ihr Sohn glaubt, sie sei glücklich gewesen, aber seit dem Tod des Ehemanns einsam (Krapf 1993, 8). FD

#AUSWANDERERHAUS

Welche Story von Rese Krapf wäre viral gegangen?

#QUOTEN

#ELLIS ISLAND

ZWEIKLASSEN-TRANSPORT-GESELLSCHAFT

Als Passagierin der 3. Klasse wurde Rese Krapf am Hamburger Hafen untersucht. Seit 1882 mussten die Transportunternehmen die Kosten für den Rücktransport abgelehnter Einwander*innen tragen. Sie wollten daher die Migrant*innen vor Abreise überprüfen. Die Hamburg-Amerikanische Packetfahrt-Actien-Gesellschaft (Hapag) errichtete Auswandererbaracken mit Quarantänestationen für die Reisenden mit den billigen Tickets. 1901 baute Hapag-Reeder Albert Ballin bequemere Unterkünfte auf dem Veddel.

Erste „Reich-Bride“

„Miss my Dave so much“, schrieb Charlotte Petty aus Ladenburg im Oktober 1946 in ihren Kalender: „Lovelylein come back soon.“ (Privatbesitz) Am 30. Dezember 1945 hatte sie den amerikanischen Ex-Sergeant David Petty geheiratet und war so die erste und lange einzige von ungefähr 12.000 deutsch-amerikanischen „Kriegsbräuten“. Eigentlich hätte es diese Ehe nicht geben dürfen. Aus Furcht vor Ansteckung mit Geschlechtskrankheiten, aber auch vor Spionage, war es amerikanischen Soldaten in Europa streng verboten worden, Kontakt zu deutschen Frauen aufzunehmen. „Die Melodie eines hübschen deutschen Mädchens ist dein Todesmarsch. Sie hasst Dich! [...] Fraternisiere nicht!“, warnte seit Mitte März 1945 ein Radiospot der Troop Broadcasting Services (Kleinschmidt 1993, 44). Rund eine Viertelmillion Antifraternisierungsposter hingen in Kasernen und Kasinos, die Armeezeitung „The Stars and Stripes“ veröffentlichte bis Juni 1946 monatlich acht abschreckende Cartoons (Domentat 1998, 34). Auch viele Deutsche sahen Liebesbeziehungen zwischen amerikanischen Besatzungssoldaten und deutschen Frauen als Verrat. Ein Bericht über die Besetzung Mannheims Ende März 1945 bemerkte tadelnd, dass „deutsche Frauen und Mädchen sich dem eindringenden Feind angeboten hätten“ und dass sie „die natürliche nationale und christliche Scham und Stolz und Würde allzu sehr vermissen“ ließen (zit. nach Kleinschmidt 1997, 154). Doch das Kontaktverbot ließ sich nicht durchsetzen. Deutsche Frauen arbeiteten für die Amerikaner. Infolge des Krieges gab es weniger deutsche Männer. Materielle Vorteile mochten für manche Mädchen eine Rolle spielen,

GEBOREN AM
05.08.1923
IN HIERBACH, REPUBLIK BADEN

AUSREISE IN DIE USA
1947
MIT DEM FLUGZEUG

VERSTORBEN AM
01.07.2004
IN HAVERTOWN, PENNSYLVANIA

CHARLOTTE WERR-PETTY

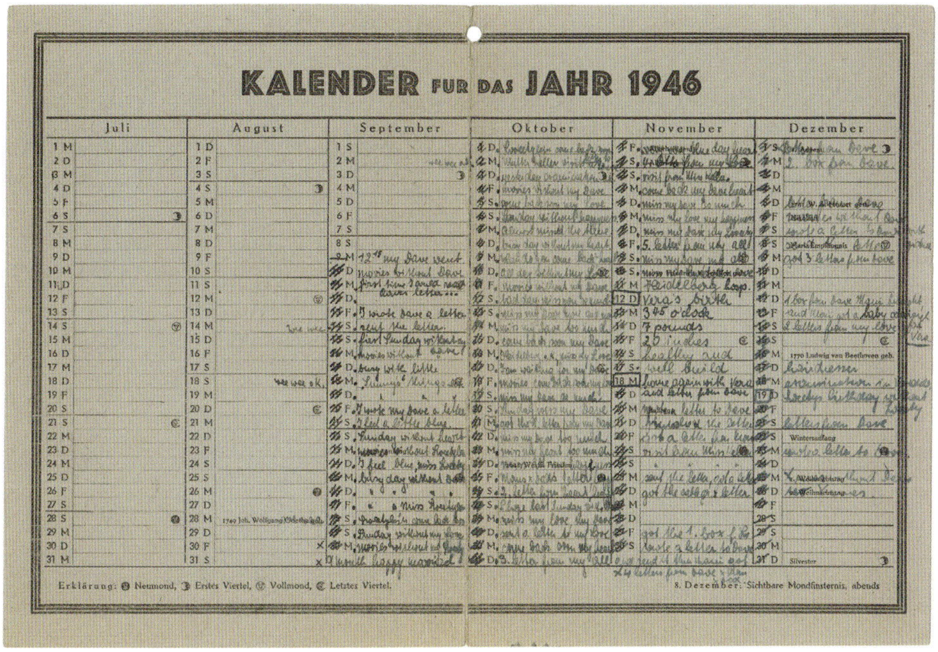

Kalender voller Sehnsuchtsbotschaften, 1946
VERA SHEARMAN, HAVERTOWN

Weihnachten in Ladenburg und Weihnachtsglocke aus Deutschland, 1946
VERA SHEARMAN, HAVERTOWN

aber vor allem trafen lebenshungrige junge Menschen zusammen. „Da war plötzlich dieser Hunger nach Lichtern und Gelächter und Musik; ich wollte tanzen bis zur Bewußtlosigkeit, das Glück an mich reißen, vergessen, was geschehen war", erinnerte sich eine „Kriegsbraut" (AK Abenteuer Ehe 1993, 22).
Am 28. März 1945 nahmen die Amerikaner Ladenburg ein. Der Sanitäter David Petty aus East Lansdowne, PA, lernte Charlotte Werr im Fotogeschäft ihres Vaters kennen, als er Filme zum Entwickeln abgab. Die Werrs waren am 25. September 1943 aus dem ausgebombten Mannheim nach Ladenburg gezogen. Charlotte studierte in Heidelberg Wirtschafts- und Staatswissenschaften und sprach gut Englisch. Die beiden verliebten sich rasch ineinander und heirateten dank einer Gesetzeslücke: Das Heiratsverbot galt nur für Militärangehörige. David Petty trat aus dem Dienst aus und arbeitete in derselben Funktion als Zivilangestellter in Uniform weiter (Dunda 2022, 106-109). Als Reaktion auf diese Hochzeit weitete das Hauptquartier der United States Force am 19. Januar 1946 das Heiratsverbot auf Zivilisten aus. Die nächste Ehe, geschlossen am 13. Juni 1946 zwischen Daniel Militello aus Brooklyn und Katharina Trost aus Bad Nauheim, führte zur Verhaftung des Bräutigams (Domentat 1998, 73). Erst am 11. Dezember 1946 wurden deutsch-amerikanische Ehen offiziell erlaubt. David Petty musste im September 1946 in die USA zurückreisen und seine inzwischen schwangere Frau zurücklassen. Wie sehr sie unter der erzwungenen Trennung litt, wird aus den Kalendereinträgen deutlich. Bei der Geburt von Tochter Vera am 12. November 1946 war der Vater nicht im Land. Die Ausreise für Mutter und Kind gestaltete sich schwierig. Als die Ausreisepapiere endlich vorlagen, fiel der gebuchte Flug wegen eines Streiks der Piloten aus. Verzweifelt schrieb Charlotte an den Vertreter der Overseas Airline: „Abreisebereit bin ich jederzeit, soweit ich 1 Tag vorher unterrichtet werde […]. Dieser Anruf würde mich zum glücklichsten Menschen machen." (Dunda 2022, 112) Ende Oktober 1947 konnten Mutter und Kind endlich in die USA fliegen – mit großem Presseecho in amerikanischen Zeitungen. Zwar war schon am 4. Februar 1946 das erste Schiff mit 452 britischen „War Brides" und deren 173 Kindern in New York angekommen, aber eben keine Deutschen. Insofern war die Ankunft der ersten „Reich bride" eine kleine Sensation. Das junge Paar wurde von den Schwiegereltern freundlich aufgenommen. David Petty nahm seine alte Arbeit als Wachmann bei Brink's Armoured Car Service wieder auf. 1950 zog Charlottes Mutter Gertrud nach ihrer Scheidung zu ihrer Tochter in die USA. David Petty starb jung, am 5. April 1963; Vera war zu diesem Zeitpunkt 16 Jahre alt. Wirklich glücklich, meint sie, ist ihre Mutter in den USA nicht mehr geworden. FD

Adoption als Chance

„Mein Leben war gesegnet. Ich wurde adoptiert, kam in die Vereinigten Staaten, bekam eine gute Erziehung, trat zum richtigen Zeitpunkt in die Armee ein, machte zum richtigen Zeitpunkt Karriere – denn ich musste nie in den Krieg ziehen – und konnte mit 38 eine zweite Karriere bei der Nato starten." Peter Grammer ist seiner Adoptivmutter, Mabel Grammer, dankbar. „Sie hat uns ermöglicht, den amerikanischen Traum zu leben." (Zoominterview mit Franziska Dunkel, 16.11.2022)

Peter wurde als Kind eines Schwarzen GI und einer weißen Deutschen in ein rassistisch geprägtes Land geboren. Im Dezember 1945 hatten die Mitglieder des Wohlfahrtsausschusses in Mannheim gefordert, die Schwarzen Besatzungskinder dürften nicht „zusammen mit deutschem Nachwuchs aufwachsen" (Satjukow 2015, 261). Die Innere Mission war 1950 der Meinung, dass für die afro-deutschen Kinder „eine Adoption möglichst durch Negerfamilien die beste Lösung sei" (Lemke Muniz

GEBOREN AM
14.04.1947
IN HEIDELBERG, WÜRTEMBERG-BADEN

AUSREISE IN DIE USA
1954 und 1965
MIT DEM FLUGZEUG

PETER GRAMMER

de Faria 2002, 71). Viele Väter hätten sich gerne zu ihren Kindern bekannt. 280 von 500 befragten afro-amerikanischen Soldaten gaben 1949 an, ihre deutsche Freundin heiraten zu wollen. Doch von insgesamt 908 gestellten Heiratsanträgen wurden nur 1,5 Prozent positiv beschieden. In den USA waren in vielen Staaten „interracial" marriages noch verboten (Lemke Muniz de Faria 2002, 23). 90 Prozent der afro-amerikanisch-deutschen Kinder wuchsen bei ihren Müttern auf. Peter allerdings kam in das katholische Kinderheim St. Josef nach Mannheim.

Dort sah ihn Mabel Grammer. Die afro-amerikanische Journalistin und Bürgerrechtlerin war 1951 mit ihrem Mann Oscar, einem Offizier der US-Armee, nach Mannheim gezogen. Eine Nonne hatte sie, so erinnert sich Peter, auf die Schwarzen Waisenkinder aufmerksam gemacht. Mabel Grammer machte es sich zur Lebensaufgabe, ihnen Eltern zu vermitteln – aus ganz anderen Gründen als die Mannheimer Ausschussmitglieder. Sie traute den Deutschen nicht. Sie wusste, dass knapp zehn Jahre zuvor Schwarze Deutsche zwangssterilisiert worden waren. Und sie wollte für afro-amerikanische Paare die Chance verbessern, ein Kind zu adoptieren. Amerikanische Behörden schienen diese zu benachteiligen. Bei der Vermittlung half die in Baltimore ansässige Zeitung Afro-American. Sie veröffentlichte Mabel Grammers Ratgeber „How to adopt a Brown Baby" und druckte regelmäßig Fotos von Kindern ab, die zur Adoption freigegeben waren.

Mabel und Oscar Grammer mit sechs Adoptivkindern, 1953
MARCHIVUM MANNHEIM, FOTO: HANS RODEN

Adoptionen über Mabel Grammer gingen schneller und unkomplizierter als über die offiziellen amerikanischen Behörden. Denn Paare, die in Übersee lebten, konnten die Adoption über die dortigen Behörden laufen lassen (Fehrenbach 2005, 149). Den deutschen Jugendämtern sparte dies Geld. Daher unterstützten sie Mabel Grammer in der Regel. Die amerikanischen Behörden waren eher skeptisch, denn sie verloren so die Möglichkeit, den Adoptionsprozess zu steuern. Mabel Grammer musste sich vor dem Kongress verteidigen und hatte damit Erfolg. Bis in die 1960er Jahre vermittelte sie vermutlich an die 1.000 Adoptionen afro-deutscher Kinder in die USA (Fehrenbach 2005, 148). Das Ehepaar Grammer selbst adoptierte 12 Kinder, darunter Peter.
Die Erziehung war liebevoll aber streng. Mabel war sehr religiös und betete täglich mehrere Stunden. Die Kinder mussten früh kleine Aufgaben übernehmen. Die Grammers erzogen die Kinder patriotisch in der Erwartung, dass sie ihrem Land dienen sollten. Von 1954 bis 1959 lebten die Grammers in Washington; von 1959 bis 1965 war Oscar in Karlsruhe stationiert. Dort absolvierte Peter Grammer die American High School und war, wie seine Eltern, aktiv bei den Pfadfindern. Alle Kinder gingen später zum Militär. Die Jüngste, Nadia West, wurde die erste Schwarze Generalstabsärztin der US-Armee. Nicht alle der von Mabel Grammer in die USA vermittelten Kinder wurden so glücklich wie Peter. Manche, wie Dan und Sonja Cardwell, kamen zu lieblosen Pflegeeltern. Die Suche nach der leiblichen Mutter wurde für viele ein Lebensthema. Die Regisseurin Regina Griffin drehte einen Dokumentarfilm „Brown Babies. The Mischlingskinderstory" über die „von beiden Nationen ungewollten und vergessenen" Kinder Schwarzer GIs und weißer Deutscher und ließ darin auch Peter Grammer und Dan und Sonja Cardwell zu Wort kommen. FD

Peter Grammer als Scout in Karlsruhe, 1960er Jahre
PETER GRAMMER, GRAND PRAIRIE, TX

GEBOREN AM

15.02.1828

IN DURBACH, GROSSHERZOGTUM BADEN

AUSREISE IN DIE USA

1849

AUF EINEM SEGELSCHIFF

VERSTORBEN AM

20.09.1891

IN NEW ULM, MINNESOTA

AUGUST SCHELL

Schells Schnitzelbank, 1930er Jahre
NEW ULM TURNER SOCIETY, NEW ULM

Das Bier macht's

Neu anzufangen und sich neu zu erfinden – das ist bis heute eine der großen Verheißungen für ein Leben in Amerika. August Schell aus dem badischen Weinort Durbach ist eines der Beispiele, in denen es auch tatsächlich gelungen ist. Schell wuchs im Schwarzwald in einer Familie mit Glasmachertradition auf, erlernte aber den Beruf des Maschinenschlossers. 1849 wanderte er aus unbekannten Gründen aus. Er ließ sich in Cincinnati, Ohio, nieder und fand Arbeit als Maschinist bei den Cincinnati Locomotive Works. Vier Jahre später, 1853, heiratete Schell die württembergische Einwanderin Theresa Hermann. Viele deutsche Einwander*innen wandten sich nach ihrer Ansiedlung in einer neuen Stadt an Institutionen wie die Kirche oder Vereine, um Gemeinschaft und Unterstützung zu finden. Schell wurde Mitglied des Cincinnati Turnvereins. „Mehr als jedes andere Netzwerk oder jede andere ethnische Vereinigung hatte Schells wachsendes Engagement und seine eventuelle Führungsrolle in diesem deutsch-amerikanischen Turner-Netzwerk einen großen Einfluss auf seine Karriere und seine Geschäftsentscheidungen in Cincinnati und in New Ulm, Minnesota." (Fessler 2014)
Mitte der 1850er Jahre beteiligte sich der Turnverein an einem ehrgeizigen Projekt zur Gründung einer eigenen Stadt im neuen Territorium von Minnesota. Im September 1856 brachen Schell und einige andere Turner in die neu gegründete Turnersiedlung New Ulm auf, wo Schell erster Vizepräsident des Neu-Ulmer Turnvereins und eines der ersten Mitglieder des städtischen Schulrates wurde. 1861 startete Schell schließlich seine dritte Karriere als Bierbrauer. Er hatte keine Erfahrung mit dem Brauen von Bier und arbeitete daher zunächst mit dem Braumeister Jacob Bernhardt aus St. Paul, Minnesota, zusammen.
Der Dakota-Krieg zerstörte im August 1862 viele Farmen, Häuser und Geschäfte. Die Schell-Bernhardt-Brauerei war betroffen, aber nicht so stark wie Schells Konkurrenz. Die Geldentschädigung der Bundesregierung für den Krieg verhalf Schell zu einem Wettbewerbsvorteil, so dass sein Geschäft expandieren konnte. 1866 kaufte Schell die Anteile von seinem Geschäftspartner Bernhardt und wurde alleiniger Eigentümer der heutigen August Schell Brewing Company. Zu diesem Zeitpunkt hatte die Brauerei eine Größe erreicht, die es ermöglichte, ein Fass Bier billiger herzustellen als jede andere in der Gegend. Zehn Jahre nachdem er Cincinnati in Richtung New Ulm verlassen hatte, war Schell nun Eigentümer einer der größten und erfolgreichsten Brauereien im Mittleren Westen. Seine Söhne Adolph und Otto folgten seinem Vorbild. Adolph wurde in mehreren Brauereien in Chicago ausgebildet und Otto lernte Bierbrauen in Durbach. Als August Schell 1891 starb, vertraute er die Brauerei seinem jüngeren Sohn Otto an, wobei auch Adolph weiter für das Unternehmen tätig war. Als Otto Schell die Brauerei 1902 in eine Aktiengesellschaft umwandelte, bestand der erste Vorstand aus Familienmitgliedern: Otto als Präsident, Mutter Therese als Vizepräsidentin und Schwager George Marti als Sekretär und Schatzmeister. Die August Schell Brewing Company wird immer noch von der Familie Marti, der sechsten Generation der Familie, betrieben. Auch im Turnverein ist die Familie Marti noch aktiv. CZM

Die Familie Marti: Jace, Ted, Jodi, Kyle und Franz (von links nach rechts), 2022
TED MARTI, VAUGUST SCHELL BREWING COMPANY, NEW ULM

Traum-Rennen

Als Tochter eines Mitarbeiters der Stuttgarter Brauerei Hofbräu wuchs Felicitas Oefelein sowohl in Stuttgart als auch in Bayern und Nordrhein-Westfalen auf. Sie machte eine Ausbildung zur klassischen Möbelmacherin/Designerin in Düsseldorf, bevor sie 1995 an der Parsons School of Design in New York City einen Master of Fine Arts erwarb. Anschließend arbeitete sie für das internationale Innenarchitekturunternehmen LBDA und leitete sechs Jahre lang Innenarchitekturkurse im BFA-Programm von Parsons. Sie gründete ihre eigene High-End-Innenarchitekturfirma, F.O. DESIGN im Jahr 2002 und entwirft heute sowohl Wohn- als auch Gewerbeimmobilien in New York, New Jersey, Connecticut sowie Florida und der Karibik. Als Tierliebhaberin bietet Oefelein ihren Kunden vegane Designdienstleistungen an.

GEBOREN
1968
IN STUTTGART,
BUNDESREPUBLIK DEUTSCHLAND

AUSREISE IN DIE USA
1992
MIT DEM FLUGZEUG

FELICITAS OEFELEIN

Firma FO Entwurfbuch, um 2010
FELICITAS OEFELEIN, NEW YORK

Ausdruck der starken Verbundenheit Oefeleins zu Stuttgart ist ihre Leidenschaft für Porsche. Sie besitzt zwei Porsches und fährt damit Rennen in den USA auf Rennstrecken wie Daytona Beach, Florida, und in Deutschland. Auf ihrem Rennhelm hat sie die Autogramme mehrerer berühmter Porsche-Rennfahrer, einschließlich Patrick Long, Jörg Bergmeister und Wolf Henzler, gesammelt. Oefeleins Begeisterung für Porsche veranlasste sie 2008, einen Porsche Rennverein Stammtisch in den USA zu organisieren. Sie kommt oft nach Deutschland, um Familie zu besuchen und natürlich Autorennen zu fahren. CZM

Porsche Rennhelm mit Autogrammen
FELICITAS OEFELEIN, NEW YORK

LEIH- UND LIZENZGEBER*INNEN

DEUTSCHLAND

Ailingen
Edeltraud Krapf

Altshausen
Archiv des Hauses Württemberg

Bad Mergentheim
Deutschordensmuseum

Stadt Bad Mergentheim

Berlin
Staatliche Museen zu Berlin. Preußischer Kulturbesitz: Ethnologisches Museum

Büchenbach
Ulrich Gräter

Dessau
Stiftung Bauhaus

Erlenbad
Kloster der Franziskanerinnen

Heilbronn
Stadtarchiv
Städtische Museen

Herrnhut
Archiv der Brüder-Unität

Igensdorf
Herrmann und Angelika Strauss

Karlsruhe
Badisches Landesmuseum
Landesarchiv Baden-Württemberg, Generallandesarchiv Karlsruhe

Köln
Zentralbibliothek der Sportwissenschaften der Deutschen Sporthochschule

Leidringen
Heimatmuseum der Trachtengruppe Leidringen

Mannheim
Marchivum

Reiss-Engelhorn-Museen

Mössingen
Museen und Archiv

Reutlingen
Heimatmuseum
Stadtarchiv

Schwäbisch Gmünd
Museum und Galerie im Prediger

Schwäbisch Hall
Stadtarchiv

Sinsheim
Stadtmuseum

Stuttgart
Landesarchiv Baden-Württemberg, Hauptstaatsarchiv Stuttgart

Linden-Museum
Württembergische Landesbibliothek

Tübingen
Stadtmuseum

Vallendar
Amelia Liebhold

USA

Ambridge, PA
Pennsylvania Historical & Museum Commission: Old Economy Village

Baltimore
Maryland Center for Culture and History

Champaign, IL
Illinois Natural History Survey

Cincinnati, OH
Cincinnati Museum Center

Columbia, MD
Peter Liebhold

Ephrata, PA
Pennsylvania Historical & Museum Commission: Ephrata Cloister Museum

Fort Collins, CO
Alexander Liebhold

Grand Prairie, TX
Peter Grammer

Havertown, PA
Vera Shearman

Milwaukee, WI
School Sisters of St. Francis

New Ulm, MN
Ted Marti/August Schell Brewing Company
Brown County Historical Society
New Ulm Turner Society

New York, NY
American Folk Art Museum
Gary Melius, OHEKA Castle & Hotel
New York Historical Society, Patricia D. Klingenstein Library
Felicitas Oefelein

Philadelphia, PA
German Society of Pennsylvania

Waconia, MN
Carver County Historical Society

GROSSBRITANNIEN

Hale
Martin Gregory

IMPRESSUM

AUSSTELLUNG

AUSSTELLUNGSKONZEPTION

Haus der Geschichte Baden-Württemberg, Stuttgart

Direktorin
Prof. Dr. Paula Lutum-Lenger

Projektleitung
Dr. Rainer Schimpf

Kuratorinnen
Dr. Franziska Dunkel, Dr. Christina Ziegler-McPherson

Ausstellungssekretariat
Petra Koldeweyh, Angela Leone

Besucherdienst
Monika Chapman, Carola Gerlach

Bibliothek
Thomas Kärcher

Bildarchiv
Jan Trautmann

Konservatorische Betreuung
Kathrin Bettray, Petra Buchschuster

Medien und Ausstellungstechnik
Oliver Fuchs, Martin Kühnel, Stefan Stuber

Öffentlichkeitsarbeit
Sarah Hergöth, Lydia Meißner, Joachim Rüeck, Peter Schaller

Sammlung
Petra Bulla, Signe Krauß, Martin Nowitzki, Barbara Ziereis

Vermittlung
Dr. Caroline Gritschke, Luisa Kreiling

Studentische Hilfskräfte
Charlotte Böhringer, Tamara Buzdumovic, Tatjana Dörrer, Björn Pietschke, Cathérine Pfauth

AUSSTELLUNGSUMSETZUNG

Ausstellungsgestaltung und Grafik
büroberlin, Berlin
Julia Neubauer, Nina Eggemann

Medienstation Cluss
Uli Janzen, Stuttgart

Projektionen, KI-Stationen
Schnelle Bunte Bilder, Berlin

Tonstationen
Staatliche Hochschule für Musik und Darstellende Kunst Stuttgart, Institut für Sprechkunst
Aufnahmeleitung: Christian Büsen
Sprecherin: Lea Merten
Sprecher: Marcus Westhoff, Jonathan Wiese

Ausstellungsproduktion
Viva Messe- und Ausstellungsbau GmbH, Hannover
MEGALAB Bildkommunikation AG, Köln
Elektro HUISS GmbH, Stuttgart
Malerbetrieb Kallert Gmbh, Stuttgart

Lichtgestaltung
Michael Flegel, Chorin
Eckhard Lewe, Reutlingen

Transporte
hasenkamp Internationale Transporte GmbH
Paul v. Maur GmbH
BÜK-Büchele Kunsttransporte UG

KATALOG

Herausgeber
Haus der Geschichte Baden-Württemberg, Stuttgart

Redaktion
Dr. Sebastian Dörfler
Dr. Franziska Dunkel
Dr. Rainer Schimpf

Autorinnen
Dr. Franziska Dunkel (FD)
Dr. Christina Ziegler-McPherson (CZM)

Gestaltung
büroberlin, Berlin
Nina Eggemann

Litho
MEGALAB Bildkommunikation AG, Köln

Druck
Neue Süddeutsche Verlagsdruckerei GmbH, Ulm

Bildnachweis
Soweit nicht anders angegeben, liegen die Rechte an den Fotografien und Abbildungen bei den in den Bildunterschriften genannten Personen und Institutionen.
Haus der Geschichte Baden-Württemberg, Foto: Bernd Eidenmüller:
S. 19 (oben, unten), 20, 21, 23, 39 (oben), 41, 45 (oben), 46, 51 (unten), 53 (oben, unten), 55, 73 (oben), 74-75 (oben), 85 (oben), 87, 88-89, 93, 95, 98, 102, 105

Haus der Geschichte Baden-Württemberg:
S. 32, 33, 74 (unten)
Bildnachweis Porträts:
List: Stadtarchiv Reutlingen; Grimm: Minnesota Historical Society, St. Paul; Fink-Henle: Brown County Historical Society, New Ulm; Herzog Paul: Stadt Bad Mergentheim; Weiser: Unitätsarchiv Herrnhut; Bolter: Library of Congress, Washington; Rapp: Pennsylvania Historical & Museum Commission, Old Economy Village; Franziska Höll: Kongregation der Schulschwestern des Heiligen Franziskus, Erlenbad; Schütz: Brown County Historical Society, New Ulm; Cluss: Stadtarchiv Heilbronn; Tafel: Cincinnati Museum Center; Struve: Marchivum Mannheim; Hecker: Haus der Geschichte Baden-Württemberg, Stuttgart; Leutze: Smithsonian Institution, Washington; Gräter: Ingeborg Forssmann, Erlangen; Sigel: Library of Congress, Washington; Liebhold: Familie Liebhold; Wochenmark: Geschichtswerkstatt Tübingen; Veit: Martin Gregory, Hale; Hilberseimer: Art Institute of Chicago; Kahn: Museum of the City of New York; Keppele: German Society of Pennsylvania, Philadelphia; Schönhut: Philadelphia History Museum; Huonker: Heimatmuseum der Trachtengruppe Leidringen; Nill: Museen und Archiv der Stadt Mössingen; Krapf: Ericka Sieger; Werr-Petty: Vera Shearman, Havertown; Grammer: Peter Grammer, Grand Prairie; Schell: Brown County Historical Society, New Ulm; Oefelein: Felicitas Oefelein, New York.
Oktober 2023

ISBN 978-3-933726-69-8

DANK

Wir bedanken uns beim Verein zur Förderung des Hauses der Geschichte Baden-Württemberg für die großzügige Unterstützung. Er hat den Infopoint und die „Traumfabrik" ermöglicht.

Weiterhin gilt unser Dank:

Karlheinz Baumann,
Gomaringen

Aron Bellersheim,
Naturkundemuseum Stuttgart

Dr. Simone Blaschka, Auswandererhaus
Bremerhaven

Andreas Blumenthal,
Heidelberg

Andrea Boettger,
New Ulm Turner Society

Christian Büsen,
Staatliche Hochschule für Musik und Darstellende Kunst Stuttgart

Antonia Bussemer,
Ludwigsburg

Hermann Dunda,
Ladenburg

Miriam Eberlein,
Stadtarchiv Heilbronn

Ingeborg Forssmann (+),
Erlangen

Thomas Frei,
Pforzheim

Carlotta Freude,
Stuttgart

Rudlieb Gräter,
Kiel

Dr. Daniel J. Hoisington,
Roseville, MN

Steffi Knüpfer,
Archiv und Museen der Stadt Göppingen

Nik Littkemann,
Stuttgart

Tim Littkemann,
Stuttgart

Tanja Luthner und Lukaskantorei,
Stuttgart

Nancy Melius,
OHEKA, Huntington, NY

Christiane Pyka,
Deutsch-Amerikanisches Zentrum: James-F.-Byrnes-Institut e. V.

John E. Robertson,
Lower Sioux Agency Museum, Morton, MN

Generalkonsul Norman Thatcher Scharpf,
Frankfurt

Prof. Dr. Ruth Schilling,
Deutsches Schifffahrtsmuseum Bremerhaven

Craig Sniezek,
American Turners, North Aurora, IL

Brigitte Voelkel Fessenden,
Baltimore, MD

Dr. Don Heinrich Tolzmann,
German Heritage Museum, Cincinnati, OH

Todd Topper,
Minnesota Historical Society, St. Paul, MN

Bill Walker,
Three Rivers Park District, Plymouth, MN

Birgit Wallisser-Nuber,
Museen und Archiv der Stadt Mössingen

Tom Walters,
Kansas City

Dr. Uwe Wenzel,
Mark Twain Center für transatlantische Beziehungen, Heidelberg

Udo Zindel,
Stuttgart

Vereinigung Walldorfer Heimatfreunde e. V.:
Klaus Engwicht, Arno König, Thomas Ostermann

LITERATURVERZEICHNIS

AK Abenteuer Ehe: Frauen in der Einen Welt (Hg.): Abenteuer Ehe. Nürnberg 1993.

AK Gräter: Stadtarchiv Schwäbisch Hall (Hg.): Franz Gräter, Literat und Revolutionär. Schwäbisch Hall 1997.

AK Heimat und Exil: Stiftung Jüdisches Museum Berlin und Stiftung Haus der Geschichte der Bundesrepublik Deutschland (Hg.): Heimat und Exil. Emigration der deutschen Juden nach 1933. Frankfurt 2006.

AK Herzog Paul: Staatliche Schlösser und Gärten Baden-Württemberg, Residenzschloss Mergentheim (Hg.): Der Forschungsreisende Herzog Paul Wilhelm von Württemberg in Mergentheim. Bad Mergentheim 2022.

AK List: Stadt Reutlingen (Hg.): Friedrich List und seine Zeit. Nationalökonom, Eisenbahnpionier, Politiker, Publizist. Reutlingen 1989.

Alberts, Brian: Andrew Bolter. 2013/2018 (http://www.immigrantentrepreneurship.org/entries/andrew-bolter/; Zugriff 26.04.2023).

Ames, Alexander Lawrence: The Word in the Wilderness. Popular Piety and the Manuscript Arts in Early Pennsylvania. Philadelphia 2020.

Anderson, Gary Clayton/Woolworth, Alan R.: Through Dakota Eyes. Narrative Accounts of the Minnesota Indian War of 1862. St. Paul 1988.

Anderson, Gary Clayton: Kinsmen of Another Kind. Dakota-White Relations in the Upper Mississippi Valley, 1650–1862. St. Paul 1997.

Anderson, Gary Clayton: Massacre in Minnesota. The Dakota War of 1862, the Most Violent Ethnic Conflict in American History. Norman/Oklahoma 2019.

Archer, John: "The Resilience of Myth: The Politics of the American Dream". In: Traditional Dwellings and Settlements Review 25, No. 2 (2014), 7–21.

Arendt, Hannah: Über die Revolution. München 1963.

Arndt, Karl J. R.: Georg Rapp's Harmony Society 1785–1847. Philadelphia 1965.

Arndt, Karl J. R.: George Rapp's Separatists. Georg Rapps Separatisten, 1700–1803. Worcester 1980.

Arndt, Karl J. R.: Economy on the Ohio, 1826–1834. Worcester 1984.

Bach, Jeff: Voices of the Turtledoves. The Sacred World of Ephrata. Harrisburg 2003.

Backhaus-Lautenschläger, Christine: ... und standen ihre Frau. Das Schicksal deutschsprachiger Emigrantinnen in den USA nach 1933. Pfaffenweiler 1991.

Bajohr, Frank: „Arisierung" als gesellschaftlicher Prozess. Verhalten, Strategien und Handlungsspielräume jüdischer Eigentümer und „arischer" Erwerber, in: Wojak Irmtrud/Hayes, Peter (Hg.): „Arisierung" im Nationalsozialismus. Volksgemeinschaft, Raub und Gedächtnis. Frankfurt a.M. 2000, 15–30.

Barkai, Avraham: Die Heimat vertreibt ihre Kinder. In: AK Heimat und Exil, 15–21.

Berg, Ronald: Modernistische Idylle in einer erodierenden Stadt. (https://bauhauskooperation.de/kooperation/jubilaeumsarchiv/magazin/folge-dem-bauhaus-in-die-welt/modernistische-idylle-in-einer-erodierenden-stadt; Zugriff 11.09.2023).

Borgia M. Francis OSF: Er sandte zwei. Sasbach 1974.

Bretting, Agnes: Soziale Probleme deutscher Einwanderer in New York City 1800–1860. Wiesbaden 1981.

Brinkmann, Tobias: Migration und Transnationalität. Paderborn 2012.

Bromme, Traugott: Handbuch für Auswanderer. 6. Auflage, Stuttgart 1849.

Calloway, Colin G.: Historical Encounters across Five Centuries. in: Zantop, Susanne/Calloway, Colin G./Gemünden, Gerd: Germans and Indians. Fantasies, Encounters, Projections. Lincoln/Nebraska 2002, 47–82.

Churchwell, Sarah: Behold, America: a history of America first and the American Dream. London/New York u. a. 2018.

Cohen, Beth B.: Case Closed. Holocaust Survivors in Postwar America. New Brunswick u. a. 2007.

Cohen, Jean-Louis: Ludwig Mies van der Rohe. Basel 2018.

Depkat, Volker: Amerikabilder in politischen Diskursen. Deutsche Zeitschriften von 1789 bis 1830. Stuttgart 1998.

Deppermann, Klaus: Pennsylvanien als Asyl des frühen deutschen Pietismus. In: Pietismus und Neuzeit. Ein Jahrbuch zur Geschichte des neueren Protestantismus 10 (1984), 190–212.

Diekmann, Heiko: Lockruf der Neuen Welt. Deutschsprachige Werbeschriften für die Auswanderung nach Nordamerika von 1680–1760. Göttingen 2005.

Domentat, Tamara: „Hallo Fräulein". Deutsche Frauen und amerikanische Soldaten. Berlin 1998.

Dunda, Hermann: Ladenburg: „30. Dezember 1945 – Erste deutsche Nachkriegsbraut heiratet US-Soldaten". in: Ladenburger Jahrbuch (2022), 103–122.

Edwards, Everett E./Russell, Horace H.: Wendelin Grimm and Alfalfa. In: Minnesota Historical Society 19, No. 1 (1938), 21–33.

Engle, Stephen D.: Yankee Dutchman. The Life of Franz Sigel. Baton Rouge 1993.

Ephrata-Brüderschaft (Hg.): Das Gesäng der einsamen und verlassenen Turtel-taube. Ephrata 1747.

Fehrenbach, Heide: Race after Hitler. Black Occupation Children in Postwar Germany and America. Princeton 2005.

Ferrell, Ed (Hg.): Biographies of Alaska-Yukon Pioneers, 1850–1950, Bd. 2. Berwyn Heights, MD 1995.

Fessler, Paul: „August Schell". 2014/2018 (https://www.immigrantentrepreneurship.org/entries/august-schell/; Zugriff 30.03.2023).

Firla, Monika: Herzog Paul Wilhelm von Württemberg. Naturforscher, Ethnograph, Reisender, Sammler und Museumsgründer. In: Thaddey, Gerhard/Fischer, Joachim (Hg.): Lebensbilder aus Baden-Württemberg, Bd. 20. Stuttgart 2001, 226–257.

Forssmann, Ingeborg: Gräter-Chronik, Manuskript. Erlangen 2018.

Fox, Emily Francine/Homol, Lindley: Wooden Pillows and Celibacy. Life at the Cloister. Lancaster 2009 (https://pabook.libraries.psu.edu/literary-cultural-heritage-map-pa/feature-articles/wooden-pillows-and-celibacy-life-cloister; Zugriff 31.01.2023).

Freund, Marion: Amalie Struve (1824–1862). Revolutionärin und Schriftstellerin – ihr doppelter Kampf um Freiheits- und Frauenrechte. In: Bleiber, Helmut/Schmidt, Walter/Schötz Susanne (Hg.): Akteure eines Umbruchs. Männer und Frauen der Revolution 1848/49, Bd. 2. Berlin 2007, 689–732.

Gebhard, Darla: Eight Days in August. The accounts of the casualties and survivors in Brown County during the US-Dakota War of 1862. New Ulm 2012.

Gönner, Eberhard: Die Revolution von 1848/49 in den hohenzollernschen Fürstentümern und deren Anschluß an Preußen. Hechingen 1952.

Gomez, Adam: Deus Vult: John L. O'Sullivan, Manifest Destiny, and American Democratic Messianism. In: American Political Thought 1, No. 2 (2012), 236–262.

Groseclose, Barbara S.: Washington Crossing the Delaware: 'The Political Context'. In: The American Art Journal 7, No. 2 (1975), 70–78.

Gross, Raphael: November 1938. Die Katastrophe vor der Katastrophe. München 2013.

Grubb, Farley: German Immigrant Servant Contracts Registered at the Port of Philadelphia, 1817–1831. Baltimore 1994.

Häberlein, Mark: Vom Oberrhein zum Susquehanna. Studien zur badischen Auswanderung nach Pennsylvania im 18. Jahrhundert. Stuttgart 1993.

Hailer-Schmidt, Annette: „Hier können wir ja nicht mehr leben". Deutsche Auswandererlieder des 18. und 19. Jahrhunderts – Hintergründe, Motive, Funktionen. Marburg 2004.

Hark, Max J. (Hg.): Chronicon Ephratense. A History of the Community of Seventh Day Baptists at Ephrata. Lancaster 1889.

Harris, Jonathan: A Statue for America: The First 100 Years of the Statue of Liberty. New York 1985.

Harris, Richard: The Rise of Filtering Down: The American Housing Market Transformed, 1915–1929. In: Social Science History 37, No. 4 (2013), 515–549.

Helbich, Wolfgang J.: „Alle Menschen sind dort gleich..." Die deutsche Amerika-Auswanderung im 19. und 20. Jahrhundert. Düsseldorf 1988.

Helmreich, William B.: Against All Odds. Holocaust Survivors and the Successful Lives They Made in America. London 1996.

Henßler, Patrick: „Schreiten wir vorwärts und gründen unmerklich Reiche" – Schwäbische Revolutionäre in den Vereinigten Staaten von Amerika. Zur Kontinuität politischer Einstellungen. Frankfurt/M. u. a. 2008.

Herbert, Christopher Dylan: The Sounds of Ephrata: Developing a Research Methodology to Catalog and Study Eighteenth- and Nineteenth-Century Pennsylvanian Music Manuscripts. In: Notes 76, No. 2 (2019), 199–222.

Hilberseimer, Ludwig: Entfaltung einer Planungsidee. Berlin 1963.

Hochbruck, Wolfgang: Der Zweite Freiheitskampf: 1848, 1861 und die Demokratie. In: Ders./Bachteler, Ulrich/Zimmermann, Henning (Hg.): Achtundvierziger. Forty-Eighters. Die deutsche Revolution von 1848/49, die Vereinigten Staaten und der amerikanische Bürgerkrieg. Münster 2000, 130–145.

Hochgeschwender, Michael: Wahrheit, Einheit, Ordnung. Die Sklavenfrage und der amerikanische Katholizismus. Paderborn 2006.

Hochschild, Jennifer L.: Facing Up to the American Dream. Race, Class, and the Soul of the Nation. Princeton 1995.

Hofmann, Annette R.: Aufstieg und Niedergang des deutschen Turnens in den USA. Schorndorf 2001.

Kissinger, Henry/Schmidt, Eric/Huttenlocher, Daniel: The Age of AI. London 2022.

Klann, Kilian: Die Sammlung indianischer Ethnographica aus Nordamerika des Herzogs Friedrich Paul Wilhelm von Württemberg. Wyk auf Foehr 1999.

Kleinschmidt, Johannes: „German Fräuleins" – Heiraten zwischen amerikanischen Soldaten und Deutschen in der Besatzungszeit 1945-1949. In: Frauen in der Einen Welt: Zeitschrift für interkulturelle Frauenalltagsforschung 2, Bd. 4 (1993), 42–58.

Kleinschmidt, Johannes: „Do not fraternize". Die schwierigen Anfänge deutsch-amerikanischer Freundschaft 1944–1949. Trier 1997.

Klemke, Ulrich: „Eine Anzahl überflüssiger Menschen". Die Exilierung politischer Straftäter nach Übersee: Vormärz und Revolution 1848/49. Frankfurt/M u.a. 1994.

Knittle, Walter Allen: Early Eighteenth Century Palatine Emigration. Baltimore 1965.

Koch-Linde, Brigitta: Amerikanische Tagträume: Success and Self-Help-Literature der USA. Frankfurt 1984.

Krapf, Rese: Eine Auswanderin schreibt nach Hause. 1923–1939. 1950–1980, hg. von Kandt, Horst/Krapf, Edeltraut. Ailingen 1993.

Krohn, Heinrich: Und warum habt Ihr denn Deutschland verlassen? – 300 Jahre Auswanderung nach Amerika. Bergisch-Gladbach 1992.

Lechler, Wilhelm: Das Ortsbuch von Leidringen. Dätzingen 1975.

Lemke Muniz de Faria, Yara-Colette: Zwischen Fürsorge und Ausgrenzung. Afrodeutsche „Besatzungskinder" im Nachkriegsdeutschland. Berlin 2002.

Lintelman, Joy K.: Making Service Serve Themselves: Immigrant Women and Domestic Service in North America, 1850–1920. In: Hoerder, Dirk/Nagler, Jörg (Hg.): People in Transit. German Migrations in Comparative Perspective, 1820–1930. Cambridge 1995, 250–265.

List, Friedrich: Tagebücher und Briefe 1812–1846. In: Salin, Edgar (Hg.): Werke, Bd. VIII. Berlin 1933.

Mattzoli, Aram: Verlorene Welten. Eine Geschichte der Indianer Nordamerikas. Stuttgart 2017.

Moltmann, Günter (Hg.): Aufbruch nach Amerika. Friedrich List und die Auswanderung aus Baden und Württemberg 1816/17. Dokumentation einer sozialen Bewegung. Tübingen 1979.

Morrell, William Parker: The gold rushes. New York 1941.

Mountford, Benjamin/Tuffnell, Stephen (Hg.): A Global History of Gold Rushes. Oakland 2018.

Otterness, Philipp: Becoming German. The 1709 Palatine Migration to New York. Ithaca 2004.

Paul, Heike: The Myths That Made America: An Introduction to American Studies. Bielefeld 2014.

Penny, H. Glenn: Kindred by choice. Germans and Americans since 1800. Chapel Hill 2013.

Pfleger, Birte: Ethnicity matters. A history of the German Society of Pennsylvania. Washington 2006.

Pfleger, Birte: John Henry Keppele. 2011/2018 (https://www.immigrantentrepreneurship.org/entries/john-henry-keppele/; Zugriff 28.07.2023).

Philippe, P. Joseph: Einer Mutter Lieben, Leiden und Sterben. Erinnerungen an die ehrwürdige Mutter Alexia, Stifterin und erste Generaloberin der Schwestern des hl. Franziskus. Achern 1919.

Pommer, Richard/Spaeth, David/Harrington, Kevin: In the Shadow of Mies. Ludwig Hilberseimer. Architect, Educator, and Urban Planner. Chicago 1988.

Reiss, Ansgar: Radikalismus und Exil. Gustav Struve und die Demokratie in Deutschland und Amerika, Stuttgart 2004.

Reiter, Herbert: Politisches Asyl im 19. Jahrhundert. Berlin 1992.

Satjukow, Silke: Nachkommen amerikanischer und britischer Soldaten in Nachkriegsdeutschland. In: Stelzl-Marx, Barbara/Satjukow, Silke (Hg.): Besatzungskinder. Die Nachkommen alliierter Soldaten in Österreich und Deutschland. Wien u. a. 2015, 259–293.

Simpson, Patricia Anne: Albert Frederick Schoenhut. 2015/2018 (http://www.immigrantentrepreneurship.org/entries/albert-frederick-schoenhut/; Zugriff 31.07.2023).

Simpson, Patricia Anne: The Play World. Toys, Texts and the Transatlantic German Childhood. University Park 2020.

Smith, Henry Nash: Virgin Land. The American West as Symbol and Myth. London u. a. 1950.

Smith-Rosenberg, Carroll: This violent empire: The birth of an American national identity. Williamsburg 2010.

Sollbach, Gerhard E. (Hg.): Reise des schwäbischen Schulmeisters Gottlieb Mittelberger nach Amerika, 1750–1754. Wyk auf Foehr 1992.

Stehle, Raymond L.: Washington Crossing the Delaware. In: Pennsylvania History: A Journal of Mid-Atlantic Studies 31, No. 3. (1964), 269–294.

Struve, Amalie: Erinnerungen aus den badischen Freiheitskämpfen. London 1851.

Sutch, Richard: Immigrant Homeownership, Economic Assimilation, and Return Migration During the Age of Mass Migration to the United States. Paper offered for discussion in the Economic History Seminar Economics 211, University of California, Berkeley, March 11, 2013 (https://eml.berkeley.edu/~webfac/eichengreen/Sutch.pdf; Zugriff 08.08.2023).

Tobey, Ronald/Wetherell, Charles/Brigham, Jay: Moving Out and Settling In: Residential Mobility, Home Owning, and the Public Enframing of Citizenship, 1921–1950. In: The American Historical Review 95, No. 5 (1990), 1395–1422.

Truettner, William H.: Storming the Teocalli-Again: Or, Further Thoughts on Reading History Paintings. In: American Art 9, No. 3 (1995), 56-95.

Ulmer, Martin: Neue Heimat nach 13 Jahren Fluchtodyssee. Auf den Spuren von Arnold und Johanna Marque. In: Geschichtswerkstatt Tübingen (Hg.): Zerstörte Hoffnungen. Wege der Tübinger Juden. Tübingen 1995, 319–344.

Wallace, Paul A.: Conrad Weiser. Friend of Colonist and Mohawk. New York 1945/1971.

Warneken, Bernd Jürgen/Berner, Hermann (Hg.): Da ist nirgends nichts gewesen außer hier – Das rote Mössingen im Generalstreik gegen Hitler. Geschichte eines schwäbischen Arbeiterdorfes. Mössingen 2012.

Weisser, Wolfgang: Conrad Weiser. Backnang 1996.

Wehner-Franco, Silke: Deutsche Dienstmädchen in Amerika 1850–1914. Münster 1994.

Wehner, Silke: German Domestic Servants in America, 1850–1914: A New Look at German Immigrant Women's Experiences. In: Hoerder, Dirk/Nagler, Jörg (Hg.): People in Transit. German Migrations in Comparative Perspective, 1820-1930. Cambridge 1995, 267–293.

Westermann, Gwen/White, Bruce: Mni sota makoce: the Land of the Dakota. St. Paul 2012.

Weinberg, Dagmar: Reiche Amerikanerin mit sozialem Gewissen. In: Mössinger Geschichte(n), erzählt von Dagmar Weinberg und Hermann Berner. Tübingen 1999, 101–105.

Weir, Todd H.: Debating 'Protestant Freedom' in Nineteenth-Century Germany: Theology, Politics and Natural Science. In: NTT: Journal for Theology and the Study of Religion 72, No. 2 (2018), 171–188.

Wokeck, Marianne S.: Trade in Strangers. Philadelphia 1999.

Württemberg, Paul Wilhelm Herzog von: Reise nach dem nördlichen Amerika in den Jahren 1822 bis 1824. Stuttgart 1834.

Zimmermann, Philip D.: Harmony in Wood. Furniture of the Harmony Society. Ambridge 2010.

Zinck, A.: Der Käfer, sein Fang und seine Aufbewahrung, Erfurt 1881.

WHAT'S YOUR DREAM?